AF357462

MÉMOIRES

DE

AIMÉE DE COIGNY

INTRODUCTION ET NOTES

PAR

ÉTIENNE LAMY

AVEC UN PORTRAIT EN HÉLIOGRAVURE

PARIS

CALMANN-LÉVY, ÉDITEURS

3, RUE AUBER, 3

MÉMOIRES

DE

AIMÉE DE COIGNY

IMPRIMERIE CHAIX, RUE BERGÈRE, 20, PARIS. — 8460-4-02. — (Encre Lorilleux).

AIMÉE DE COIGNY

portrait peint par A. Wertmüller

MÉMOIRES

DE

AIMÉE DE COIGNY

INTRODUCTION ET NOTES

PAR

ÉTIENNE LAMY

PARIS

CALMANN-LÉVY, ÉDITEURS

3, RUE AUBER, 3

MÉMOIRES

D'AIMÉE DE COIGNY

INTRODUCTION

I

Il y a un fond de mépris dans la gloire que les hommes réservent aux femmes. Ils ne célèbrent guère d'elles que la beauté. Les dons de l'esprit et de l'âme ajoutent, ornements accessoires, à la parure des privilégiées qui possèdent l'essentiel, la perfection du corps. Faute de beauté, tout obscures et comme éteintes, quels talents ou quelles vertus ne leur faut-il pas pour sortir de l'ombre? Si cette beauté est éclatante, quoi qu'elles en aient fait, elles les absout et leur séduction leur survit. Le moins méritoire des avantages est celui dont on leur sait le plus de gré, et le plus court des triomphes perpétue leur nom.

Aux grandes amoureuses surtout va cette popularité posthume. On dirait que, pour s'être données à quelques hommes, elles aient droit à la reconnaissance de tous. La curiosité du public reste fidèle aux plus inconstantes, il veut posséder les certitudes de leurs caprices, et des écrivains graves mettent les scellés de l'histoire sur des ailes de papillons. A cette sollicitude se révèle « l'éternel masculin », l'attrait permanent de la chair de l'homme pour la chair de la femme. C'est lui qui reconnaît dans les plus femmes des femmes « l'éternel féminin », le chef-d'œuvre de joie offert à l'homme par la nature. Et l'homme pense à lui-même, quand il s'occupe d'elles. La célébrité durable qu'il accorde aux dispensatrices les plus généreuses de cette joie est un encouragement aux vivantes de ne pas se montrer plus avares. Dans ces amours passées, le présent à son tour lit ses amours à venir. Ainsi, par la commémoration des disparues qui pratiquèrent la religion du plaisir, le culte de la volupté survit jusque dans le culte de la mort.

Une autre gloire avait, à la fin du XVIIIe siècle, commencé pour « la jeune captive » dont les plaintes inspirèrent André Chénier. Sœur d'Iphigénie et non moins touchante, elle représentait, comme la vierge antique, et contre la même cruauté de la politique meurtrière, les droits d'une vie qui s'ouvre au bonheur. Le plus grec de nos poètes semblait l'avoir parée pour le sacrifice qui est la destinée de l'innocence et de la faiblesse dans les querelles des hommes. La puissance du génie créant une légende, les premiers de ceux qu'avait émus

la plainte de la jeune captive crurent pleurer sur une
victime des justices révolutionnaires. Et cette existence
si tôt et si cruellement tranchée paraissait complète,
privilégiée, puisque, assez longue pour connaître tous
les bonheurs en espérance, il lui avait manqué seulement les années des désillusions, et puisque la morte
avait obtenu du génie l'immortalité.

La légende, comme à l'ordinaire, était plus belle
que l'histoire. La jeune fille était une jeune femme,
mariée depuis huit ans : elle échappa à l'échafaud, et
mourut en 1820 dans son lit. Pour Aimée de Coigny,
duchesse de Fleury, la renommée virginale et héroïque
se continua en une de ces réputations moins austères
qui ne se sacrent pas, mais caressent. Les temps si
divers où elle vécut s'accordaient à lui reconnaître une
double puissance : tant de beauté qu'on lui eût permis
d'être sotte, et tant d'esprit qu'on lui eût pardonné
d'être laide. La beauté de traits n'a qu'une beauté, la
beauté d'expression a autant de beautés que de sentiments. Tous ceux d'Aimée se reflétaient sur son visage
et passaient dans ses attitudes. Le charme même de son
corps était fait aussi de pensée. Et cette pensée profonde, variée, imprévue, hardie en ses examens, sou-
daine en ses ripostes, redoutable dans ses ironies,
irrésistible dans sa gaieté, tirait de sa mobilité même
un charme de plus et paraissait toujours nouvelle. Il y
avait en elle trop de femmes pour qu'on se défendît
contre toutes : qui résistait à l'une cédait à l'autre.

Voilà le secret de l'empire exercé par elle et par celles qui lui ressemblent. Cette surabondance, si elle multipliait les séductions de son corps et les activités de son intelligence, précipitait aussi les mouvements de son cœur. Et, comme aucune passion ne tient ses promesses et que la lie de chaque joie épuisée donne la soif d'autres joies, l'amour de l'amour avait fait, disait-on, à travers la diversité des expériences, l'unité de sa vie.

Sa mort parut d'abord délivrer de ces faiblesses éphémères ses mérites dignes d'un souvenir durable. Ils reçurent aussitôt un hommage public, et presque officiel, en un article que publia le *Moniteur* et qu'avait signé Népomucène Lemercier. Aujourd'hui, l'on ne connaît plus de cet écrivain que les défauts; en 1820, on n'avait d'yeux que pour ses qualités. Ce qui s'appelle maintenent la lourdeur de son style s'appelait alors le poids de ses jugements. A cet âge de disgrâce où la tradition du xviiie siècle était épuisée, où la fécondité du xixe ne se parait encore que de Chateaubriand, Lemercier, honnête homme, avec du goût pour la pensée noble, quelques visions du sublime, et qui gâtait ses idées en les exprimant, était le prince des médiocres, comme Chapelain durant la jeunesse de Corneille. Chef d'école, il consacrait en ces termes le talent de la disparue :

« Également familière avec les belles-lettres françaises et latines, elle avait tout l'acquis d'un homme;

elle resta toujours femme, et l'une des plus aimables de
toutes. Sa conversation éclatait en traits piquans, imprévus et originaux. Elle résumait toute l'éloquence de
madame de Staël en quelques mots perçans. On a lu
d'elle un roman anonyme qui, sans remporter un succès d'ostentation, attacha parce qu'elle l'écrivit d'une
plume sincère et passionnée. Elle a composé des Mémoires sur nos temps et une collection de portraits sur
nos contemporains les plus distingués par leur rang et
par leurs lumières, qui réussirent mieux, étant plus
vivement tracés et plus sincères encore [1]. »

Le public apprit comme une bonne nouvelle que
cette remarquable femme, non contente de répandre
en une compagnie de privilégiés l'éclat sans lendemain de sa pensée parlée, avait songé à survivre par
sa pensée écrite. Il espéra, grâce à la publication de
ces œuvres, connaître à son tour la séductrice dont
F. Barrière, huit ans après Lemercier, disait : « L'esprit, l'instruction, la grâce et tous les attraits réunis
plaçaient la duchesse de Fleury au premier rang parmi
les femmes de son temps [2]. » Mais, bien qu'une mode
de curiosité pour la fin du XVIIIe siècle et le commencement du XIXe suscitât partout les fureteurs d'inédit,
les pages annoncées demeurèrent introuvables. Il a
fallu accepter l'hypothèse de Charles Labitte : « Par

1. *Moniteur universel,* 25 janvier 1820.
2. Barrière, *Tableaux de genre et d'histoire,* in-8°, p. 231. Paris
Paulhan, 1828.

malheur, le roman dont parle Lemercier, et dans lequel
les admirateurs du poète eussent cherché avec charme
quelques accents de la jeune captive, n'a pas été imprimé; et remis, ainsi que des Mémoires sur la Révolution, entre les mains du prince de Talleyrand, il paraît
avoir été détruit [1]. »

En revanche, à mesure que les « Souvenirs » et les
« Correspondances » de cette époque venaient au jour,
ils montraient Aimée de Coigny vivante, suivie par
l'attention anecdotière de ses contemporains, surtout de
ses contemporaines, et lui faisaient une autre renommée.

Ces sortes d'écrits ne sont guère des jugements sur
l'essentiel des choses et des personnes; ce sont des
bavardages sur les détails les plus propres à distraire la
curiosité de chaque jour. Aussi le succès actuel de cette
littérature ne prouve-t-il pas un retour au sérieux. Nos
oisifs, à la lire, se flattent d'avoir perdu leurs goûts fri-
voles; ils l'aiment, au contraire, parce qu'ils y retrouvent
leur propre façon de comprendre et de vivre la vie :
ces grands enfants croient s'intéresser à l'histoire et
continuent à n'aimer que les histoires. Surtout les mémoires et billets où des femmes s'occupent de femmes
ne racontent-ils pas l'omnipotence des riens et l'obses-
sion de plaire ? Pour elles, qu'est regarder l'une d'elles?
Mesurer l'importance de leur contemporaine à l'étendue
du cercle mondain où, par consentement général, elle

1. Ch. Labitte, *Études littéraires*, t. II, p. 184.

est la première ; mesurer son pouvoir au nombre et aux mérites des hommes qui, non contents de l'entourer, ont vécu sous son charme ; enfin, puisque la preuve suprême du charme est l'amour, chercher par qui elle a été aimée, et si, comment, pourquoi, et par qui la conquérante des cœurs se serait laissé prendre le sien. Voilà précisément ce que ces voix du passé racontaient d'Aimée. Unanimes à célébrer son esprit, mais seulement cet esprit des mots qui est le fard de la pensée, elles appréciaient surtout ses dons intellectuels comme auxiliaires, faits pour rendre plus complets ses triomphes de beauté, et elles médisaient de ces triomphes où elles surprenaient ses faiblesses.

En 1825, parurent les *Mémoires* de madame de Genlis. Personne n'avait été mieux placé pour connaître le monde de l'ancien régime à la veille de la Révolution : elle écrivait qu'il avait suffi à la jeune duchesse de paraître pour conquérir la société, on pourrait dire la cour du duc d'Orléans[1]. Mais madame de Genlis était née institutrice pour faire la leçon aux succès des autres. Dès 1804, hâtive comme l'envie, dans un livre qu'elle ne signa pas et où les victimes de sa mémoire étaient, sans être nommées, enlaidies avec assez d'art pour demeurer reconnaissables, elle avait dit Aimée « légère,

1. « Madame de Fleury était fort jolie. M. le duc de Chartres l'aimait tellement qu'il l'appelait sa sœur ; elle l'appelait son frère. » — Madame de Genlis, *Mémoires*, t. IV, p. 348. Paris, Lavocat, 1825.

étourdie, avec des accès de gaieté qui ressemblent un peu à de la folie », et « quelque chose d'indécent [1] ».

Bien autres furent les sentiments inspirés par la duchesse à madame Vigée-Lebrun. La grande artiste qui a rendu impérissables pour nous les dernières grâces de l'aristocratie française avait aussi une plume, bien qu'inégale à son pinceau. Ses *Souvenirs*, publiés en 1828, présentent ainsi la femme qu'elle avait connue durant la Révolution : « La nature semblait s'être plu à la combler de tous ses dons. Son visage était enchanteur, son regard brûlant, sa taille celle qu'on donne à Vénus ;... le goût et l'esprit de la duchesse de Fleury brillaient par-dessus tout. » C'est l'œil difficile du peintre qui juge cette beauté du corps : les autres mérites ont gagné le cœur de l'amie. Elle est d'autant moins suspecte quand elle ajoute : « Cette femme si séduisante me semblait dès lors exposée aux dangers qui menacent tous les êtres doués d'une imagination ardente. Elle était tellement susceptible de se passionner que, en songeant combien elle était jeune, combien elle était belle, je tremblais pour le repos de sa vie ; je la voyais souvent écrire au duc de Lauzun, qui était bel homme, plein d'esprit et très aimable, mais d'une grande immoralité, et je craignais pour elle cette liaison, quoique je puisse penser qu'elle était fort innocente... La dernière passion qu'elle prit s'alluma pour

____

1. *Souvenirs de Félicie*, p. 180.

un frère de Garat[1]. » La bienveillante observatrice
admet, il est vrai, qu'aimer n'est pas faillir. Mais, bientôt après, les *Souvenirs* d'une autre contemporaine, la
baronne de Vauday, donnaient des détails peu plato-
niques sur l'aventure avec Garat[2], et le caprice pour
Lauzun n'avait pas semblé plus pur à un autre témoin,
Horace Walpole.

Les lettres de celui-ci furent connues du public en
1864. L'une, datée de Paris, en 1794, quand Lauzun
venait de mourir et la duchesse de Fleury d'être arrêtée,
se scandalise que « notre jeune étourdie, notre gentille
petite malicieuse », ne fît que « chanter toute la jour-
née. Puisqu'elle chantait au lieu de sangloter, je suppose
qu'elle était fatiguée de son Tircis et qu'elle est bien aise
d'en être débarrassée ». Supposer à la fois en une personne le désordre et l'insensibilité, c'est rendre plus
inexcusable chacun des deux vices : le glacial ami de
madame du Deffant semblait mal qualifié pour cette
rigueur de vertu. Est-ce bien de la vertu ? Elle n'a pas cet
accent, elle est triste du mal qu'elle constate, elle n'en
triomphe pas. Cet homme était une coquette. Il s'était mis
à visiter la société de l'Europe comme ses compatriotes en
visitent aujourd'hui les paysages. Mais lui voyageait pour
être connu en plus de contrées, et il tenait par-dessus
tout à passer pour spirituel à Paris. L'attention qu'on

---

1. Madame Vigée-Lebrun, *Souvenirs*, t. II, pp. 60-62.
2. *Souvenirs du Directoire et de l'Empire*, par madame la baronne
de V..., Paris, Cosson, 1847.

prête à Aimée de Fleury lui semble volée à Horace
Walpole. De là, peut-être, sa malveillance. C'est une
antipathie de nature : c'est une rivalité entre la chaleur
sans rayons de sa houille anglaise, et la flamme claire,
gaie, pétillante, d'un sarment français.

Mais, si les insinuations d'un jaloux sont suspectes,
comment récuser les aveux de l'accusée ? Ces aveux sont
venus de nos jours. Les archives diplomatiques de
l'Empire n'occupaient pas tellement le prince Lobanoff,
ambassadeur ou ministre, qu'il ne trouvât du temps
pour se faire des archives moins graves avec les correspondances où l'aristocratie du xviiie siècle, à la veille de
mourir, avait si bien écrit sa joie de vivre. Admis à
puiser dans cette collection, M. Paul Lacroix publia,
en 1884, une partie de ces lettres [1], quelques-unes
d'Aimée. Elles ne laissent pas de doute qu'elle n'eût
rien refusé à Lauzun, et, les aveux allant plus loin que
les soupçons, elles attestent d'égales bontés pour un
jeune lord, dont nul encore n'avait parlé. On a aussi,
en ces dernières années, découvert d'autres billets d'elle
à Mailla Garat, et ceux-là, tant s'y dévoile l'indécence
des caresses, doivent demeurer dans le musée secret des
curieux [2].

---

1. *Lettres de la marquise de Coigny* et de quelques autres personnes appartenant à la société française de la fin du xviiie siècle,
publiées sur les autographes, avec notes et notices explicatives,
par Paul Lacroix. — Jouault et Sigaux, 1884.

2. Ces quatre lettres à Mailla Garat sont dans la collection de
M. Gabriel Hanotaux.

A chercher ses livres, on n'avait trouvé que ses
amants. Les lettrés eux-mêmes se sont mis à servir la
seule de ses réputations qui eût laissé des traces. Autour
de cette tombe le myrte repoussait toujours, ils n'ont
entretenu que lui. Ils ont présenté les aventures de cette
femme comme son originalité et semblé croire que le
plus charmant de ses ouvrages était ses faiblesses. Il ne
leur a plus suffi de celles qui étaient connues, ils se sont
ingéniés à en découvrir de nouvelles. Elle est devenue
le type de ces femmes portées de caprice en caprice,
comme ces jolies guêpes qui, sur chaque fleur où elles
puisent sans se poser, gardent leurs ailes étendues pour
repartir plus vite. Cette butineuse d'amour aurait volé
de Lemercier à Jouy [1], et, hier encore, on la montrait,
passant de Garat en Garat, comme de rose en rose sur
le même buisson [2]. Elle a donné de l'imagination aux
dictionnaires mêmes et il n'est pas jusqu'à Larousse qui
n'ait voulu dire sur elle du nouveau. Elle gardait encore
une gloire pure, les vers d'André Chénier. La sympathie
que la jeunesse du malheur inspira à la jeunesse du
génie n'a été qu'un roman de prison : « Dans quelle salle,
derrière quelle grille fut-il donné à Léandre de dire de
sa bouche à la belle Héro les vers qui ont éternisé le
souvenir de ce lien charmant tranché par la guillotine? »
Mais si la grille et la salle restent incertaines à cet his-

1. *Lettres,* etc., p. 202.
2. *Garat,* par Paul Lafond : in-8°, Calmann-Lévy, 1900, pp. 287-
297.

torien scrupuleux, sans hésiter il nous transporte
« sur le balcon où Roméo dut posséder sa Juliette [1] ».
Ainsi presque tous ceux qui ont parlé d'elle se sont
piqués d'honneur à la déshonorer un peu plus, et sa
gloire a fini par n'être plus faite que de sa mauvaise
réputation.

Plus ces affirmations se sont multipliées, plus elles
ont déçu. On en savait à la fois trop et pas assez. Entre
cette existence de succès passagers et vulgaires, et l'aristocratie de goûts, d'allures, d'intelligence à laquelle
était rendu un hommage unanime, il y avait contradiction. Le souvenir trop conservé de tous ses amours
rendait plus regrettable la perte de toutes ses œuvres, et
qu'ainsi tout en cette femme eût été fragilité.

II

Les amis des livres et des manuscrits savent que
le feu marquis Raymond de Bérenger passa une partie
de sa vie à compléter et à mettre en ordre les riches
archives de sa maison, réunies depuis des siècles à
Sassenage. Les amis de la bonne musique et de la

---

1. Larousse, *Grand Dictionnaire*, au mot : André Chénier.

conversation aimable n'ont pas oublié la marquise sa
femme. Elle m'avait toujours témoigné de la bienveillance, je lui prouvais ma gratitude en rendant à son jeune
fils la sympathie dont elle m'honorait, et mes relations
avec celui-ci avaient survécu à la mort de la mère.

Un jour de l'an dernier, il entra chez moi, posa sur
ma table de travail un petit paquet et me dit : « Voici
deux manuscrits que j'ai trouvés à Sassenage. Tous
deux sont des Mémoires, l'un de la duchesse de Dino,
l'autre sans nom d'auteur. Si la curiosité vous en dit,
lisez-les ; si vous les jugez intéressants, publiez-les. Je
vous fais maître de leur sort. »

Le nom de madame de Dino, sa vie toujours si proche
de la politique, dans une condition qui lui permettait
de tant voir, et son aptitude célèbre à tout comprendre,
disaient d'avance que, pour elle, se souvenir était intéresser. Mais, si la renommée a son attraction, le mystère aussi a la sienne, et j'ouvris d'abord le manuscrit
dont l'auteur semblait se cacher.

La belle reliure de maroquin rouge, lisse et souple
qui enfermait, entre ses gardes de soie bleue, un cahier
de vélin carré et épais comme un volume ; le large
ruban d'un bleu plus pâli qui servait de signet ; l'or
solide des tranches et des petites stries qui zébraient
l'épaisseur des plats, avaient une élégance joliment
fanée par le temps. La date était tracée sur la première
page : « Mémoires écrits en l'année 1817. » Entre deux
grandes marges, le texte suivait, d'un trait épais et

d'une régularité pâteuse. Tous les experts en écriture, malgré les désaccords qui font la doctrine de leur science, auraient sans hésiter reconnu dans cette lourdeur appuyée une main masculine. Deux citations, l'une de Sénèque, l'autre de Montaigne, accompagnaient le titre. Ce latin et ce vieux français semblaient aussi révéler le lettré. Mais, après les citations, venait une dédicace :

« A M. le marquis de Boisgelin, pair de France.

« Vous avez désiré vous rappeler un temps où le projet de changer le gouvernement nous occupait. Ce temps m'est cher, puisque je l'ai passé près de vous dont l'amitié honore et intéresse ma vie.

« Acceptez donc les efforts de ma mémoire. S'ils manquent d'exactitude, mes erreurs demandent de l'indulgence, car elles sont accompagnées de bonne foi. Je suis payée de la peine que me coûte ce travail par le plaisir que j'éprouve à retracer l'époque où nous espérions voir s'accomplir les vœux ardens que nous formions pour le bonheur de notre patrie. »

« Je suis payée. » La plume avait-elle, par mégarde, changé le sexe de son maître ? Mais un homme eût pu dire à un autre homme : « Votre amitié honore, » il n'eût pas ajouté « et intéresse ma vie ». Ceci est d'une femme. Et que, malgré le latin et la virilité de l'écriture, l'œuvre fût d'une femme, cela était marqué dès le début des *Mémoires*.

« Restée en France..., cachée dans un coin obscur de
cette grande machine appelée tour à tour République,
Empire, Royaume..., je pourrais me croire dépouillée
de mon rang et de ma fortune, si mes habitudes de très
pauvre citoyenne ne dataient de si loin que mon titre de
duchesse, ma situation de grande dame ne me semblent
plus qu'un point dans ma vie, un point si loin et si effacé
que les rêves ont plus de consistance et de réalité. »

L'ancien régime ne comptait pas en France autant de
duchesses que n'en ont depuis faites nos gouvernements
révolutionnaires, les grâces tarifées des chancelleries
étrangères, et la badauderie des sociétés démocratiques
à accepter la fausse monnaie de la noblesse. Une
duchesse qui n'eût pas émigré était une rareté plus
grande; une duchesse qui, en 1817, fût encore « pauvre
citoyenne » et ne participât, ni par elle, ni par les
siens, aux « restaurations » accomplies par la royauté
dans les emplois, les prérogatives et les fortunes de ses
partisans, était une exception plus insolite encore : et
cela, pensais-je, enfermait l'inconnue en cercles de
plus en plus étroits. Un peu plus loin, racontant un
séjour à Vigny, elle disait : « Je retrouve à Vigny tout
ce qui, pour moi, compose le passé et j'acquiers la certitude d'avoir été aussi entourée d'intérêt doux dans
mon enfance et de quelques espérances dans ma jeunesse. Voilà la chambre de cette amie qui protégea mes
premiers jours : je vois la place où je causais avec elle,

où je recevais ses leçons. » Vigny, depuis la fin du
xvie siècle, était aux Rohan. Dans les dernières années
de l'ancien régime et sous la Révolution, il appartenait
à Armande-Victoire-Josèphe de Rohan-Soubise, devenue par son mariage princesse de Rohan-Guéménée.
Cette princesse, fort remarquable d'esprit et très liée
avec le comte de Coigny resté veuf, s'était offerte à
élever la fille de celui-ci. Cette fille était Aimée; Aimée,
par son mariage, était devenue duchesse, elle n'émigra
pas, elle ne reprit pas de rang à la Cour à la Restauration. Ces indices semblaient trahir le nom de l'auteur.
L'auteur lui-même le livrait plus loin, comme enfoui
au milieu de son texte, dans le récit d'une conversation
avec M. de Talleyrand. « Il se leva, fut à la porte de
son cabinet de tableaux et, après s'être assuré qu'elle
était fermée, il revint à moi en me disant : Madame de
Coigny... » Ce nom se trouvait signé à chaque mot par
l'écriture des *Mémoires :* entre ces pages et les lettres
autographes d'Aimée, l'identité d'aspect est évidente.
Qu'enfin ce manuscrit se trouvât dans la maison de
Bérenger, rien de plus naturel. M. de Boisgelin, pour
qui il avait été fait, avait une fille qu'il maria à un
Bérenger [1] ; le manuscrit recueilli par celle-ci dans la
succession de son père entra ainsi dans les archives de
Sassenage.

1. Raymond-Gabriel de Bérenger, officier de cavalerie, aide de
camp de Murat, puis officier d'ordonnance de Napoléon, mourut,
le 30 août 1813, d'une blessure reçue à la bataille de Dresde.

La plus imprévue des circonstances mettait donc en mes mains cette œuvre que l'on croyait détruite.

S'il eût été fâcheux qu'elle restât inconnue, les lecteurs en décideront. Mais comme ces *Mémoires*, suite de témoignages et d'opinions, doivent inspirer la même confiance que mérite le caractère d'Aimée, et comme ce caractère reçoit une clarté nouvelle de ces souvenirs, il ne faut pas séparer ce qu'elle dit de ce qu'elle fut. Au moment où celle dont on a tant parlé va parler elle-même, il est temps de la juger. Sa vie est une préface de son œuvre. C'est ainsi que j'ai été amené à étudier à mon tour cette femme célèbre et mal connue.

Il y a pour un historien deux joies : découvrir ce qu'ignorent les autres et renverser ce qu'ils croient savoir. Les familiers du cœur humain prétendent que de ces deux joies la plus délicieuse est la seconde. L'une et l'autre m'ont été données. Presque tous ceux qui se sont occupés d'Aimée sont inexacts : inexacts même sur les dates de sa naissance, de ses mariages, de son arrestation, de sa mise en liberté, tous événements constatés par pièces officielles et à propos desquels il suffisait de chercher pour trouver [1]. On reconnaît dans leur faire

---

1. Je puis parler de ces recherches, car presque tout leur mérite appartient à d'autres qu'à moi. Une fois tracé le plan des questions à résoudre, il a fallu demander les réponses à la bonne volonté de plusieurs personnes que je citerai avec les documents fournis par elles. Mais je tiens à nommer à part et tout d'abord M. Charles Baille. Je lui dois les plus importantes précisions sur la vie d'Aimée de Coigny, surtout la date de l'écrou à Saint-Lazare et de la mise en liberté. L'hommage que je rends à son art de découvrir

l'artifice grâce auquel trop d'historiens, semblables à
certains marchands, donnent l'apparence du fini à des
matières médiocres et médiocrement travaillées. Le
goût du public pour le nouveau dirige, mais précipite,
leurs recherches. Ont-ils mis la main sur quelque document, au lieu de le contrôler, de le compléter, d'étendre
avec patience la certitude sur tout un sujet, ils veulent
se faire un immédiat honneur de leur bonne fortune, et
se servent du détail authentique qu'ils ont trouvé pour
donner de l'autorité au reste, qu'ils inventent ou qu'ils
copient sur d'autres aussi peu scrupuleux. A plus forte
raison en ont-ils pris à l'aise avec les caprices du cœur.
Aimée était un de ces riches à qui l'on prête : ils lui
ont prêté parfois sans garantie aucune des accusations
qu'ils avançaient, tant ils avaient confiance en sa mauvaise renommée, et leurs jugements ont été plus légers
encore que ses mœurs. Ils ont introduit dans les livres
le même oubli de conscience, la même intrépidité de
soupçons qui, si souvent, dans la causerie mondaine,
sacrifie, sans preuves, les réputations à la joie de
médire et à la gloriole de paraître informé. Aimée de
Coigny fut étrangère à plusieurs des intrigues qui ont

et d'interroger les pièces historiques n'étonnera aucun érudit de
Franche-Comté : là le mérite de M. Baille a depuis longtemps fait
ses preuves. Une vie passée presque tout entière en province, l'intérêt local des travaux, et le dédain de toute réclame avaient
longtemps enfermé cette réputation en des frontières trop étroites.
Elle les a franchies et depuis quelques années le *Correspondant*,
la *Revue Hebdomadaire*, la *Quinzaine* et la *Revue de Paris* font
goûter au public la science, l'esprit et le style de ce lettré.

fait sa légende, et celles de ses faiblesses, qui ne sont pas contestables, eurent un caractère moins méprisablement banal. Mais, de ces galanteries, il reste trop pour sa mémoire, il y eut trop pour son bonheur. Dire ce que sont ces amoureuses, de quel prix elles paient leurs triomphes, montrer l'envers de leur gloire, n'est pas la moindre vérité à servir par le récit de cette vie.

III

Les Franquetot de Coigny avaient d'abord été de robe. Au xviie siècle, ils prirent l'épée. La couronne de comte, puis celle de duc et le bâton de maréchal récompensèrent leur courage. On ne parvenait pas à ce rang dans la noblesse d'épée sans compter dans celle de cour. Là aussi, la faveur du prince avait assuré aux Coigny une importance croissante. Sous Louis XVI, la famille était représentée par deux frères. L'aîné vivait dans la société la plus intime de Marie-Antoinette. Madame Élisabeth avait pour chevalier d'honneur le second, qui fut le père d'Aimée. Elle naquit le 12 octobre 1769 [1], au moment où l'aristocratie française, la

1. M. de Lescure, dans *l'Amour sous la Terreur*, fait naître Aimée de Coigny en 1776, M. Paul Lacroix donne l'année exacte, mais non le jour. La date complète se trouve dans l'acte baptistère inscrit le

plus brillante d'Europe, avait achevé de transformer ses
vertus en élégances. Elle sembla éclore comme un tardif
bouton de cette rose trop épanouie qui, déjà penchant
sur sa tige, effeuillait ses plus doux, ses derniers par-
fums. Son intelligence fut précoce comme sa beauté, et
non moins soignée que son corps. Les penseurs, les
historiens, les philosophes français lui devinrent non
seulement connus, mais chers, mais compagnons. Savoir
le latin n'était pas pour les jeunes filles de son rang
une rareté, mais elle le posséda jusqu'à la familiarité
avec les maîtres de cette langue. Son temps lui apprit
beaucoup de ce qu'il savait, il n'avait pu l'instruire de
ce qu'il ignorait, et ce qu'il ignorait était le devoir.

Cette aristocratie, destituée de ses fonctions utiles,
oisive et riche, ne vivait que pour le plaisir. La foi,
incommode aux passions et humiliante pour l'orgueil
de l'esprit, était dédaignée, et, échappées à ce frein, les
mœurs étaient libertines comme les pensées. La vertu
de Louis XVI fut le premier ridicule qui diminua à la
cour la majesté du souverain. Dès l'enfance, Aimée,

13 octobre 1769 au registre de la paroisse Saint-Roch à Paris.
L'hôtel qu'habitaient le comte et la comtesse de Coigny, rue Saint-
Nicaise, et où naquit Aimée, était dans la circonscription de cette
paroisse. Je dois communication de cet acte baptistère et de tous
ceux qui, relatant les mariages et divorces ont modifié l'état civil
d'Aimée de Coigny, à l'obligeance de M. Orville. Ces pièces avaient
été déposées par Aimée de Coigny dans son château patrimonial
de Mareuil-en-Brie, et oubliées là quand, en l'an X, elle vendit le
domaine. Les premiers acquéreurs respectèrent ces archives. M. Orville, dernier acheteur de la terre, les a examinées et classées, comme
il entretient le château, avec un affectueux et intelligent respect
du passé.

tout près d'elle, trouva cette école d'immoralité ; la pudeur des regards et la sainteté de l'ignorance furent blessées en elle par des visions précoces du mal. A six ans, elle perdait sa mère[1] : la femme distinguée qui éleva l'enfant était, comme on disait alors, « l'amie » de son père. Un autre titre lui est donné dans la page où Aimée parle de Vigny. « Voilà les petits fossés que je trouvais si grands et le saule que mon père a planté au pied de la tour de sa maîtresse. » Si aristocrate soit-elle d'esprit et de naissance, comment la maîtresse du père apprendrait-elle à la fille la supériorité du devoir sur l'attrait ? Une telle éducation était faite pour enseigner tout ce qui pare la vie, rien de ce qui la dirige.

Il est vrai, l'éducation d'une fille n'est qu'une préface. Quand elle semble achevée, un dernier maître succède, le plus persuasif, assez puissant pour abolir l'œuvre antérieure à lui et changer l'âme en prenant le cœur : c'est le mari. S'il est aimé, un mari peut faire

---

1. La comtesse de Coigny, née Anne-Joséphine-Michelle de Boissy, mourut à Paris, en l'hôtel de la rue Saint-Nicaise, le 23 octobre 1775. Fort originale, elle aurait eu une passion pour l'anatomie, jusqu'à emmener avec elle, quand elle voyageait, un squelette, et elle serait morte d'une piqûre qu'elle se serait faite en disséquant. Ceux qui aiment à suivre la persistance et les transformations des goûts héréditaires, sont libres d'attribuer à cet intérêt de la mère pour les squelettes, l'origine des curiosités de la fille pour les vivants. L'inventaire dressé à la mort de la comtesse donne à ceux qui se plaisent aux renseignements plus sûrs, sur la demeure, l'ameublement et le luxe d'une famille riche à la fin du xviiie siècle, des détails curieux. Il est publié à la fin du présent volume.

aimer à sa femme tout ce qu'il aime, y compris la vertu. Mais il s'agissait bien de cela dans les alliances d'alors ! L'époux et l'épouse étaient les personnages les moins consultés dans l'affaire menée par leurs familles, et, pourvu que le reste convînt, il allait de soi qu'ils se convinssent. Pour les Coigny, une alliance avec un Fleury, petit-neveu du cardinal et qui serait duc, était un beau parti. Pouvait-on le prendre trop vite? Ainsi Aimée épousa en 1784 un mari d'un mois plus jeune qu'elle et qui n'avait pas quinze ans[1] ! Dans ce ménage de poupée, c'est la fillette qui est l'expérience et la raison. Avec un éveil hâtif de ses sens, la voilà du monde, elle devient un atome de cette brillante poussière qui danse dans un rayon de soleil.

Elle était à l'âge où l'on s'amuse de tout; elle joua à la vie. Elle se plut à la gaieté des autres, elle y ajouta la sienne, se trouvant deux fois libre de tout dire, et parce qu'elle était déjà femme, et parce qu'elle était encore enfant; enfant par la turbulence, l'audace, l'imprévu et cette acidité de fruit vert qui plaît aux palais blasés. Versailles, bien qu'il n'eût plus de sérieux, avait encore de l'étiquette. Aimée n'y parut guère. Paris offrait aux fantaisies de ses allures un théâtre plus libre, et partout le même spectacle : l'universel et

---

1. Le mariage fut célébré le 5 décembre. Leurs Majestés et la famille royale signèrent au contrat. André-Hercules-Marie-Louis de Rosset de Rocozel, marquis de Fleury, était fils du duc et de Claudine-Anne de Montmorency-Laval.

public rapprochement des hommes et des femmes par
des attractions spontanées ; le mariage déshabitué de
défendre ses droits contre les caprices qui séparaient,
avec un parti pris d'ignorance et de libertés réciproques,
les époux. 1789 fut pour elle aussi la date où, sur la
ruine des vieilles mœurs, commença la tentative de la
liberté. Elle avait tout disposé pour goûter en une
aventure beaucoup de plaisirs : elle voulut non seulement satisfaire sa passion, mais l'amuser, l'illustrer et
l'accroître par le chagrin causé à d'autres. Elle se donna
tout cela en se donnant à Lauzun.

On distingue d'ordinaire la noblesse d'épée et la
noblesse de robe. On y pourrait joindre la noblesse de
jupes, celle qui faisait sa fortune par les femmes. Les
Lauzun étaient la plus célèbre des familles illustres en
cet art. Au Lauzun de la Grande Mademoiselle[1] avait
succédé le Lauzun de toutes les dames, à la ville comme
à la cour roi de la galanterie. Cette allure conquérante
et rapide qui promettait à chaque femme si peu de son
vainqueur, au lieu de les mettre en défiance contre un
bien si partagé et si court, les rendait follement avides

1. Le premier Lauzun était un Nompard de Caumont. Ces Caumont avaient une baronie qui devint comté en 1570, et, par
lettres de mai 1692, François de Caumont fut créé duc de Lauzun.
Il mourut sans postérité en 1723 et le duché échut à sa nièce,
Marie Baudron de Nogent, mariée à Charles-Armand Gontaut, duc
de Biron. L'ami d'Aimée et de bien d'autres était Gontaut et portait
le titre de Lauzun comme cadet. Ce fut son nom de galanterie. Il
prit celui de Biron, dès qu'il en eut le droit, pour faire la guerre
et mourir.

de ce qui était si disputé. Sa renommée lui permettait de changer le rôle des sexes dans ce que Montesquieu appelle « la muette prière ». Ce sont les femmes qui la lui adressaient, pas toujours muette ; c'est lui qui avait à se défendre, inviolablement respectueux des laides. Il touchait d'ailleurs la quarantaine, et, à une femme dont le mari n'avait pas vingt ans, eût dû paraître presque vieux. Mais il avait gardé la séduction la plus irrésistible de la jeunesse, tant chacune de ses passions semblait être la première, tant il donnait à chaque femme et avait l'impression qu'au moment où il la désirait, elle comptait seule pour lui. Surtout il était un causeur d'une variété, d'une verve, d'une drôlerie sans pareilles. Après plus de trente ans, un roi, et qui se connaissait en esprit, gardait encore vivante l'impression de cette parole. En 1820, au moment où furent annoncés les *Mémoires* de Lauzun, Louis XVIII, qui savait don Juan féroce comme la vanité et capable de soutenir, fût-ce par le mensonge, son renom d'irrésistible, redoutait des insinuations offensantes pour la mémoire de Marie-Antoinette. Il confiait cette inquiétude à Decazes et l'un de ces billets qu'il lui écrivait chaque jour, sur le ton d'un père à son fils, dit de Lauzun : « Il était impossible d'être plus amusant qu'il n'était : moi qui te parle, je serais resté vingt-quatre heures à l'écouter[1]. »

1. Cité par M. Ernest Daudet, dans son livre *Louis XVIII et le duc Decazes*. Plon, in-8°, 1899.

Qui plaît aux princes n'est pas loin de plaire aux duchesses. Aimée fut délicieusement fière d'attirer cette manière de héros : elle était femme à lui renvoyer le volant des légèretés spirituelles. Ils s'étonnèrent, lui de trouver tant d'à-propos dans tant de jeunesse, elle tant de jeunesse dans tant de renommée, et leurs coquetteries se conquirent.

Enfin, tout ce que Lauzun avait de cœur appartenait à une cousine d'Aimée, la marquise de Coigny, à la femme dont Marie-Antoinette disait : « Je suis la reine de Versailles, mais c'est elle qui est la reine de Paris. » Prendre le plus séduisant des hommes à la femme la plus à la mode, c'était triompher à la fois de l'un et l'autre sexe. Ce sont là de ces raisons auxquelles il faut beaucoup de raison pour ne pas se rendre, et il était difficile de débuter mieux dans le mal.

On a dit que la marquise avait su maintenir Lauzun dans la discrétion passionnée d'un amour tout idéal. Une seule chose le donnerait à croire, c'est la constance de Lauzun pour cette femme : la fidélité d'un tel homme est de la gourmandise qui attend. Mais, s'il accepta le jeûne avec la marquise, il le rompit avec la duchesse. Il avait à Montrouge une de ces « folies » qui servaient aux rendez-vous et qu'Aimée, dans une lettre, appelle « mon pauvre Montrouge ». Leurs rencontres n'y eurent aucune originalité.

L'extraordinaire fut le sérieux du sentiment que la plus évaporée des femmes vouait au plus frivole des hommes. Lasse d'avoir jusque-là porté seule le poids de ses pensées et de ses actes, que, ni son père ni son mari n'ont dirigés ou soutenus, elle goûte le repos délicieux de confier non seulement son cœur, mais son intelligence et sa volonté. C'est une docilité qui cherche son joug. Rien jusqu'alors n'avait été plus étranger à la jeune duchesse que la politique. Lauzun est opposant, la voilà constitutionnelle. Elle dédaigne sa propre intelligence pour prendre par imitation celle de son héros. En quoi elle perd l'une sans acquérir l'autre, comme le prouvent ses lettres à son ami. Ce sont des idées de Lauzun qu'elle délaie, des mots de Lauzun sur lesquels elle renchérit, rien de spontané ni de libre; de la lourdeur, de l'artificiel, de la prétention. Mais ce renoncement au moi dans une nature si originale, cette déférence poussée jusqu'à l'abdication dans une âme si indépendante, cette idolâtrie jusqu'au manque de goût dans un esprit si délicat, prouvent du moins sa sincérité à se donner tout entière.

Il lui fallut mesurer aussitôt quel peu elle était à cet homme devenu tout pour elle. Lauzun a pris la duchesse sans quitter la marquise, il n'a entendu ajouter qu'un caprice à une habitude. Quand on croit deux existences fondues en une, apprendre, et de l'être choisi, que le don du corps est sans importance, la confusion des âmes sans intérêt, invraisemblable la constance, quelle leçon d'amour! Tout ce qu'elle rêvait d'idéal dans le désordre est chimère, tout ce qui l'instruit la déprave. L'élève souffre d'abord de ces leçons: après deux ans, elle en profite.

Un voyage que le duc de Fleury lui fait faire en Italie la sépare alors de Lauzun. Soustraite à l'ascendant qui la réduisait à voir par les yeux et à penser par l'esprit d'autrui, elle redevient la plus jolie à admirer et la plus attrayante à entendre. Si elle ne trouve pas autour des braseros italiens le feu d'étincelles qu'est la conversation française, elle goûte à Rome d'autres joies. L'art, dont les chefs-d'œuvre l'entourent, lui donne, au témoignage de madame Vigée-Lebrun, des émotions vraies et profondes. Mais, tandis qu'elle se passionnait pour les antiques, des vivants se passionnaient pour elle, et cette nouvelle querelle des anciens et des modernes finit par la victoire de ceux-ci. Pour une femme ardente et sans scrupules, se sentir aimée est presque aimer. Lauzun était loin, ses leçons présentes, lord Malmesbury l'emporta. Et malgré que la confiance de la duchesse dans la solidité des liens illégitimes dût être fort amoindrie, et bien que Malmesbury ne fût pas, comme son prédécesseur, un grand artiste d'amour, mais eût surtout pour mérite sa jeunesse, ce fut aussitôt le même abandon de cette femme remarquable à une volonté étrangère, le même empressement à penser par une raison d'homme. Malmesbury est grand seigneur, la révolution de la France contre l'aristocratie l'indigne plus encore que la révolte contre la royauté. C'en est fait, pour la duchesse, des sourires à l'égalité : elle n'est plus que grande dame, dédaigneuse du parti populaire. De ce respect envers la noblesse, la duchesse excepte son époux. Une grossesse survint, qui dut le surprendre plus que Malmesbury. Il jugea alors qu'il avait assez fait le mari, que le temps venait de faire le gentilhomme, c'est-à-dire d'émigrer. Avant son départ, il mit beaucoup d'élégance à rendre à la duchesse la seule liberté qu'elle n'eût pas prise et pour laquelle il lui fallût le concours de son époux. Il reconnut avoir diminué la fortune de sa femme, ne lui reprocha pas d'avoir accru sans lui la famille commune, et souscrivit à la séparation de biens[1]. Tout ainsi réglé, il rejoignit ses princes à Coblentz, et elle, à Londres, son lord.

Soit survivance de sa première passion à travers son infidélité, soit vanité de suffire à plusieurs aventures et d'avoir des relais d'amour, elle n'avait pas rompu sa correspondance avec Lauzun, devenu le général Biron, et qui commande sur le Rhin. Ces lettres se succèdent de loin en loin comme des actes interruptifs de pres-

---

1. Le 9 juin 1792, décision du tribunal de famille : « Attendu que les faits de dissipation continuelle articulés contre le sieur Fleury sont vrais d'après l'aveu du sieur Fleury, et de la connaissance personnelle que nous en avons, qu'ils exposent la dame de Fleury à la privation du revenu de ses propres biens, et que la communauté établie entre eux par leur contrat de mariage l'a été sous la foi d'une administration sage qui n'existe pas... décidons que la dame Fleury doit être séparée de biens d'avec le sieur son mari, en conséquence l'autorisons, en vertu du pouvoir qui nous est donné par la loi, à jouir et disposer de ses biens comme bon lui semblera, à la charge toutefois de ne pouvoir aliéner ses biens immeubles qu'avec l'autorisation de son mari, condamnons le sieur de Fleury à payer à la dame son épouse la valeur de ses bijoux et diamants qu'il a vendus, avec les intérêts, suivant la loi, plus à lui rendre et restituer tout ce qu'il a aliéné ou reçu depuis leur mariage et qui a été stipulé propre en faveur de la dite dame... » — Archives de Mareuil.

cription. Tantôt il semble que, par des dégradations
voulues de termes, elles fassent glisser tout doucement
l'amour dans l'amitié, tantôt elles renouvellent les
anciens serments, et, au lendemain de ses couches [1],
Aimée dit plus que jamais à l'amant trompé qu'elle est
sienne. La femme qui a commis sincère sa première
faute en est à la duplicité, et c'est contre son corrupteur
qu'elle la tourne. Mais à Londres se trouvait aussi la
marquise de Coigny. Jacobine de cœur, elle s'est sauvée
de Paris par peur des excès qu'elle approuve et pour
aimer en sécurité la révolution. Elle aussi écrit à Lauzun
des lettres, celles-là merveilles de tendresse fière, contenue, mais passionnée, et, lui excepté, de malice mal-
veillante contre tout le monde. Contre Aimée, elle se
contenta de dire à Lauzun la passion de Malmesbury,
et l'accouchement à Londres, comme petites nouvelles
données sans songer à mal : après quoi, elle se permettait la perfidie de la générosité et concluait : « Il lui faut
pardonner, parce qu'il la faut aimer. »

Bientôt l'infidèle est contrainte d'avouer elle-même
tout à Lauzun. En janvier 1793, elle revient à Paris,
Malmesbury l'accompagne, il est arrêté. La duchesse
lui a parlé souvent de Biron comme d'un ami, Malmesbury n'a rien de plus pressé que d'écrire au général
pour en réclamer la protection. Relâché avant même
que sa demande fût parvenue à Biron, il raconte à

_____

1. L'enfant ne dut pas survivre, car il n'est plus question de lui
dans l'existence de sa mère.

Aimée la démarche toute simple pour lui, et si compromettante pour elle. Elle devait à Lauzun une
explication, elle lui écrivit :

« Ne faut-il pas, quand on m'aime, qu'on ne con-
naisse plus sur la terre d'autres ressources qu'en moi et
par conséquent en vous, et que la première menace du
danger, qui me fait vous invoquer, apprenne votre nom
à celui qui a besoin d'une grande confiance pour n'être
pas jaloux? Je sais que vous avez dû recevoir un cour-
rier très pressé et bien effrayé de quelqu'un actuellement
près de moi, que je vous ai toujours laissé deviner sans
positivement vous en parler. Il a été arrêté par un
quiproquo inconcevable et, comme les motifs n'étaient
pas énoncés, quoique aucuns ne fussent probables, leur
mystère l'effrayait. Il est sorti comme entré, c'est-à-dire
sans raison expliquée, mais enfin il est sorti et c'est tout
ce que j'en veux. Je lui sais gré de son impertinente
fatuité d'avoir recours à vous, dans un moment de
détresse, avec la persuasion de vous intéresser par votre
commun sentiment. S'il s'est un peu targué du mien,
ne vous en choquez pas plus que moi, mon ami, et ne
vous fâchez pas si je suis fière qu'il veuille bien s'en
vanter. C'est à l'espoir de vous revoir ici que j'attache
l'idée d'un avenir heureux. Il m'est doux, mon ami, de
rentrer souvent dans mon cœur. Vous y êtes toujours le
plus constamment cher objet. »

L'humiliante lettre, avec son style contourné comme

pour envelopper d'ombre et reconnaître sans les dire les faits indéniables ! Lettre moins humiliante encore par ses aveux que par ses coquetteries, par cette persévérance de la femme prise au piège à poursuivre la double intrigue. Mais, tandis qu'elle essayait de faire accepter par son premier amant le second, celui-ci prenait congé. Soit que Malmesbury comprit le ridicule où il s'était mis, en priant un rival de le réunir à la femme disputée, soit que, rendu sage par la prison, il jugeât l'heure venue de s'aimer lui-même en songeant à sa sûreté, il aspire, un siècle avant lord Salisbury, au « splendide isolement », et regagne Londres.

Aimée semble indifférente à sa perte, et comme délivrée par son départ. Dans ce cœur qui a horreur du vide, Lauzun retrouve les droits de premier occupant. Le malheur est qu'elle lui revient quand elle a besoin de lui. La grossesse à cacher l'a tenue plusieurs mois hors de France : l'absence d'une grande dame à ce moment prend un air d'émigration. Aimée sent flotter autour d'elle la curiosité soupçonneuse des dénonciateurs. C'est alors qu'elle écrit coup sur coup sept ou huit lettres à Lauzun ; elle caresse, mais elle demande. Elle rappelle leurs échanges de portraits et de lettres avant de dire : « Envoyez-moi une attestation comme quoi vous m'avez tenue cachée avec vous à Strasbourg pendant trois semaines, depuis la fin de septembre jusqu'au 15 octobre. » Elle ajoute : « Envoyez-moi aussi la permission de loger à Montrouge si la fantaisie m'en prend. » Si Biron déclare qu'elle a quitté Paris pour se rendre près de lui, il la déshonore comme femme, mais la consacre citoyenne. Et, contre les visites domiciliaires, quel asile meilleur que la maison d'un général patriote? Reste à gagner l'homme en réveillant ses désirs, en lui donnant à croire que, dans cette maison, elle attendra de nouveau « son plus tendre ami ». C'est un marché où elle offre du plaisir contre de la sûreté. Ne se dit-elle pas que, pour se sauver, elle expose Biron, qu'une ci-devant compromet par ses lettres le général, que surtout une attestation fausse et faite en fraude des lois contre les émigrés peut le perdre : comment nommer un amour capable d'oublier les périls de ce qu'il aime? A-t-elle pensé à ces conséquences : comment nommer un amour capable de sacrifier ce qu'il aime?

Lauzun n'est pas plus généreux. Si homme avait peu de droits à la constance des femmes et devait prendre légèrement les caprices du cœur, c'était bien ce roi des volages. Mais l'amour-propre des hommes à bonnes fortunes est ainsi fait que l'infidélité leur semble permise à eux seuls, et ces conquérants veulent régner à jamais sur les pays qu'ils ont une fois traversés. Quand Lauzun se sut remplacé, son dépit s'exhala en une lettre fort aigre à Aimée. Mais, quand elle parut revenir à lui et qu'il démêla le calcul, sa colère grandit encore. Il ne songe pas qu'elle lui a donné longtemps une affection désintéressée ; que, dans les pauvres cœurs, les sentiments même vrais sont mêlés d'égoïsme ; qu'une femme peut l'aimer encore tout en voulant profiter de lui ; qu'elle est menacée, et qu'elle a peur. Il songe qu'elle veut faire de lui une dupe, tromper deux fois Lauzun ! Son amour-propre blessé ne s'occupe que de soi. Or il se sait menacé lui-même, sous le badigeon de son civisme transparaît toujours son aristocratie, sa situation devient plus précaire à mesure que la politique devient plus violente, il a assez à faire de se sauver. Il ne donne ni l'attestation, ni la clef de Montrouge, et laisse sans réponse les lettres qui les réclament. Telle est, après quatre ans, la laide fin de cette passion : commencée en folie, elle s'achève en égoïsme. Cet égoïsme a mis à nu chez la femme l'hypocrisie, chez l'homme la brutalité. Ils se sont, d'un dernier regard, méprisés l'un et l'autre. Ils n'ont plus rien à se dire.

Lauzun, d'ailleurs, allait éprouver bientôt qu'on ne rompt pas avec la démagogie aussi aisément qu'avec les duchesses. Arrêté, il n'obtint même pas d'être prisonnier dans sa maison de Montrouge, qu'il avait refusée à une amie. Et, le 1er janvier 1794, il mourait à quarante-six ans, avec cette lassitude de vivre que les heureux contre le devoir trouvent au fond de leurs plaisirs.

IV

Si la duchesse avait voulu deux amants pour mieux s'assurer le dévouement de l'amour, l'expérience eût été décisive. Tous deux l'avaient abandonnée au premier péril, elle restait seule. En des jours où les protecteurs devenaient si vite des suspects, elle commença à croire, elle aussi, que sa solitude était sa sûreté[1]. Maintenant il n'y avait plus que son mari à la compromettre : contre l'émigré elle invoqua et obtint le divorce[2].

1. Elle s'était retirée dans sa terre de Marœuil-en Brie. Le 18 mars 1793, un mandat d'amener la forçait à comparaître à Paris devant les administrateurs de police. Ils lui demandaient compte de son temps durant les mois où elle avait disparu. Elle affirma n'avoir pas quitté la France : son séjour en Angleterre fut escamoté en « différents petits voyages autour de Paris pour se promener ». Et elle mit un tel naturel à mentir et tant d'ingénuité dans sa rouerie que les administrateurs, « ne trouvant aucune preuve d'émigration contre la citoyenne, la renvoient en pleine liberté ». — Archives de la police ; registre des interrogatoires des émigrés du 9 mars 1793 au 25 ventôse an II. F. 22 et 23.

2. « Extrait du registre des actes de divorce de la municipalité de Paris, du mardy 7 mai 1793, l'an second de la République : Acte de divorce d'Anne-Françoise-Aimée Franquetot-Coigny et d'André-Hercules-Marie-Louis Rosset-Fleury.... Les actes préliminaires sont une décision du tribunal de famille rendue exécutoire par ordonnance du tribunal du sixième arrondissement de Paris, ce vingt-trois avril dernier, de laquelle il résulte que l'époux est émigré, et une citation aux termes de la loi.... Antoine-Edme-Nazaire Jaquotot, officier public, a prononcé ce divorce en présence des témoins et de l'épouse qui a signé avec eux au registre. » — Archives de Marœuil.

Malgré ce gage donné à la Révolution, le 4 mars 1794,
elle était arrêtée, conduite à Saint-Lazare[1]. Elle n'avait
gagné à son divorce que d'être écrouée sous le nom de
Franquetot, au lieu de l'être sous le nom de Fleury.

Chénier, arrêté dix jours après elle, fut quatre mois
son compagnon de captivité. Le chant de pitié que la

1. M. Paul Lacroix fait remonter cette arrestation à juin ou
juillet 1793 ; M. Paul Lafond, au retour du voyage de la duchesse
en Italie, c'est-à-dire à 1792. C'est une erreur d'un ou de deux
ans. Les véritables dates sont fournies par la pièce suivante :
« Convention nationale. Comité de sûreté générale et de surveillance de la Convention nationale. Du 14 ventôse, l'an second de la
République une et indivisible ; vu l'arrêté du 9 de ce mois du
Comité de surveillance de Seine-et-Marne. Le Comité de sûreté
générale arrête que la ci-devant nommée duchesse de Fleury qui
a dû être conduite dans la maison d'arrêt dudit département ainsi
que sa femme de chambre anglaise seront amenées dans la prison
de la Force ou toute autre à Paris ; sera quant au surplus l'arrêté du 14 suivi et exécuté. Les représentants du peuple, membres
du Comité de sûreté générale : Jagot, Dubarreau, Louis du Bas-
Rhin. Vu par le représentant du peuple dans les départements de
Seine-et-Marne et de l'Yonne le 20 ventôse, an II de la République : Maure, l'aîné ». — Archives de la police, arrestations,
ordres de mandats, 7.406.
  La prisonnière fut conduite à Saint-Lazare. Deux registres
d'écrou tenus dans cette prison durant la période révolutionnaire
avaient été jusqu'en 1871 conservés aux archives de la police : le
premier, qui va du 29 nivôse au 25 ventôse an II, existe seul
aujourd'hui ; le second a disparu lors de la Commune, en 1871.
Le mandat de transfert signé le 14 ventôse an II devait, semblait-
il, avoir été exécuté avant le 25 ventôse et l'écrou d'Aimée de
Coigny être inscrit sur le registre. Il n'y figure pas. Cela s'explique
parce que l'arrêté du 14, transmis à Melun, fut visé seulement
le 20 par le représentant Maure. Transporter la prisonnière de
Melun à Paris, la conduire à la Force et peut-être comme on
faisait alors, de prison en prison, en quête d'une place vide,
n'était pas l'affaire d'un seul jour. Aimée dut être écrouée sur
le second registre.
  En voici la preuve : Dans le premier registre, à la suite de la
dernière inscription faite le 25 ventôse, se trouve inscrite, d'une

prisonnière inspira au poète fut-il un aveu d'amour ?
En eux, comme en tant d'autres, la menace de la mort
prochaine souleva-t-elle une de ces passions imprévues
qui, sans l'espoir de durer ni le loisir d'attendre, nais-
saient, au hasard, fleurs soudaines et violentes de
l'angoisse commune ? C'était, au contraire, une ressemblance de nature, qui, s'ils se fussent rencontrés plus
tôt, dans les derniers des jours tranquilles, aurait préparé l'entente de leurs cœurs. Chénier était un héritier
de l'art antique et de la morale païenne. Belles comme
le marbre de Paros, ses poésies célébraient, comme les
statues taillées dans cette blancheur sans tache, la perfection impure des corps faits pour le désir. Et de même
que, dans ses vers, la beauté achevée semblait une
pudeur et étendait un voile d'innocence sur la volupté
de ses inspirations, de même la jeune femme cachait
ses audaces sous la grâce presque enfantine du visage
et la trompeuse candeur des regards. En elle le génie
de Chénier eût reconnu sa vivante image et, comme
Prométhée, peut-être aimé la statue.

Mais, depuis que la Révolution avait poussé son cri
de liberté et de justice, Chénier était devenu un autre
homme. Le poète uniquement soucieux jusque-là d'orner

écriture récente et à l'encre rouge, une liste de noms, avec une
date et un numéro d'ordre. C'est une reconstitution partielle du
registre disparu, faite après 1871, et sur des notes prises antérieu-
rement, par l'archiviste de la préfecture, M. Labat. Or, sur cette
liste est écrit : 26 ventôse, n° 886, Fleury Anna-Aimée Franquetot
(femme). — Archives de la police. Registre d'écrou de la prison
Saint-Lazare, 106-E.

sa vie par l'art avait été surpris par la révélation de plus belles beautés. Son intelligence avait vu la stérilité de la joie apportée par les formes exquises aux voluptueux subtils, quand restait à faire mieux ordonnée et meilleure la société humaine. Et quand, presque aussitôt, les sublimes promesses furent démenties par les actes des lâches et des scélérats, il devint une voix d'accusation et de colère contre ces voleurs d'idéal. Les chants de sa poésie se turent, il saisit le fer de la prose, et cet abandon de sa gloire devint pour lui une autre gloire et plus rapide. A peine quelques lettrés connaissaient le poète, l'écrivain parut aussitôt le premier parmi les polémistes, et l'orateur assez puissant pour qu'on le comparât à Vergniaud [1] : tant la nature lui avait été prodigue des dons qu'elle lui prêtait pour si peu de jours, et tant il s'était lui-même donné à sa nouvelle œuvre. L'héroïque transfuge, infidèle à la Grèce, patrie de la beauté antique, pour la France, patrie du droit immortel, ne redevint poète que le jour où, prisonnier, il n'eut plus ni presse, ni tribune. Alors, loin qu'il redemandât l'oubli de la défaite et des vainqueurs à ses inspirations anciennes, sa lyre même lui fut une dernière arme pour continuer le combat. Et quand l'amour dont il avait été le chantre sensuel lui apparut jusque dans la prison, il ne le reconnut pas. Ces galanteries lui

---

1. Lacretelle, qui l'avait admiré à la tribune des Feuillants, a écrit : « Lui seul eût pu disputer la palme de l'éloquence à Vergniaud ».

prouvaient maintenant l'incurable légèreté de ces
« honnêtes gens » pour qui il avait lutté, pour qui il allait
périr. Leurs gestes de menuet dans la tempête, leurs rires
dans la tragédie, leurs baisers, qui épuisaient en plaisir
le temps dû aux haines et aux amours publics, furent sa
dernière douleur. En ses satires inachevées il mit toute
l'amertume de son désenchantement : il y partage ses
justices entre les attentats des assassins et la légèreté
des victimes. Son âme tragique n'était plus capable
d'oublier son deuil pour une passion privée et fugi-
tive. Il ne vit en Aimée que la statue de ce deuil, et il
n'aima dans la beauté de ces yeux que la source des
larmes les plus touchantes contre la cruauté des bourreaux [1].

Qu'il ait été cher à la *jeune captive*, il n'y a ni preuves

1. Les vers sur *la Jeune Captive* furent pour la première fois
publiés dans la *décade* du 20 nivôse an III, quelques mois après la
mort d'André. Mais pour croire au génie du poète, l'opinion
attendit le témoignage de Chateaubriand : celui-ci commença, par
quelques lignes du *Génie du christianisme*, la renommée d'André
Chénier. Il cita précisément les vers de la *Jeune Captive*, et ils
devinrent célèbres avant que l'on sût qui les avait inspirés. On
parlait d'une Coigny, sans préciser laquelle, et Sainte-Beuve
d'ordinaire si informé, nommait dans sa *Causerie* du lundi
2 février 1857, la fille de la marquise, qui épousa le général Sébastiani. Pourtant la vérité avait été écrite depuis longtemps, dans
l'*Encyclopédie de l'an VII*. L'ouvrage était de l'archéologue Millin,
qui devint membre de l'Institut. Millin avait été enfermé à Saint-
Lazare avec André Chénier et Aimée de Coigny. Il accompagna les
vers d'une note qui ne laissait de doute ni sur le moment où il
en était devenu dépositaire, ni sur la personne pour laquelle ils
avaient été faits. Il disait de l'ode : « Elle a été composée pour
madame de Montrond, par André Chénier pendant que nous
étions ensemble dans la prison de Saint-Lazare sous le règne de
Robespierre. J'ai le manuscrit de sa main. »

ni vraisemblances. De stature massive, de taille épaisse,
il avait cet aspect de puissance stable qui sied aux ora-
teurs et aux combattants, mais qui, hors de l'action,
paraît lourdeur. Ses yeux vifs étaient petits, sa chevelure abondante et bouclée grossissait la masse de sa
tête forte, mais avait déjà disparu de son crâne où se
continuait la grandeur de son front, comme si la pensée
eût pris la place de la jeunesse, et les trente-deux ans
qu'il avait à peine semblaient plus nombreux. Une
femme de ses amies a dit qu'il était à la fois très laid et
très séduisant ; mais c'est un mauvais début de séduction que la laideur. Et la duchesse de Fleury était
d'autant moins portée à distinguer le charme derrière
cette apparence qu'à ce moment un autre homme
occupait son attention.

Le même jour qu'elle, avait été conduit à Saint-
Lazare le jeune Mouret de Montrond ; sur le registre
d'écrou, son nom de Mouret fut inscrit à côté de celui
de Franquetot [1]. Ce hasard le conduisait sur les pas
d'Aimée à la porte de la prison, en homme qui suit
une femme et entre où elle entre. Cet air convenait au
personnage. Il avait alors vingt-quatre ans, la plus
jolie tournure, avec cette mauvaise réputation qui
semble la plus enviable à nombre d'hommes et la plus
intéressante à plus de femmes encore. L'assurance lui
était si naturelle et il la garda si semblable à travers

---

1. La liste de Labat porte : 26 ventôse, n° 885 Mouret Charles
(ou François-Casimir).

les changements d'âge et de fortune qu'elle servit à le désigner comme « signe particulier », même sur ses passeports. L'un, daté de 1812, à côté du signalement ordinaire, porte, d'une autre main que celle de l'expéditionnaire : « Bel homme, à l'air avantageux ». Ce passeport révèle aussi en Montrond une originalité dont il était moins fier. Le petit doigt de sa main droite se continuait, divisant la paume de la main jusqu'au poignet. C'était un commencement de griffe, qu'il tenait gantée, comme Méphistophélès.

Envers une Marguerite qui n'était plus innocente, Méphistophélès se montra bon diable. Pour que le tentateur pût la perdre plus tard, il fallait d'abord la sauver. Il survenait au moment de l'extrême péril. La loi des suspects avait été si largement appliquée que toutes les prisons anciennes ou improvisées étaient pleines. Pour faire place aux nouveaux suspects, il fallait se débarrasser des anciens et, comme mettre en liberté n'était pas du temps, guillotiner les uns paraissait le seul moyen de loger les autres. Mais encore, pour guillotiner, fallait-il un prétexte, et, contre la plupart des prisonniers, il n'y avait pas de charges. C'est à ce moment que fut découvert le complot des prisons : les complots sont en tout temps la ressource des gouvernements embarrassés. Les suspects devaient être irrités de leur captivité par provision et souhaiter la fin de cet arbitraire. Il suffisait d'appeler ces colères et ces espérances un attentat contre la République. Pour recueillir les propos dont on avait besoin, les provoquer, les suppléer au besoin, on mêla aux suspects des hommes qui semblaient des prisonniers et étaient des agents. A Saint-Lazare, trois misérables acceptèrent ce métier. Aucun d'eux n'était français. Le principal, Jaubert, acteur belge, avait trouvé là le seul rôle pour lequel il fût doué, le rôle de traître. Il le jouait à dessein assez mal pour que les prisonniers devinassent son vrai personnage, et il inscrivait sur sa liste, comme conspirateurs, ceux qu'il estimait les plus riches. Puis il traitait avec eux de leur radiation, tout prêt à reconnaître l'innocence de qui la lui prouvait en bonnes pièces. Mais il n'effaçait un nom que pour en inscrire un autre. Ces nouvelles victimes étaient sollicitées de se disculper au même prix, et ces marchandages successifs réduisaient la liste à ceux qui, trop fiers ou trop pauvres, semblaient à Jaubert indignes de pitié. Et, malgré la hâte des terroristes, il prenait le temps de faire et de défaire, car le pourvoyeur de l'échafaud, Fouquier-Tinville, était de moitié dans cette exploitation fructueuse de la mort.

Montrond suivait ce travail avec l'attention d'un homme résolu à vivre, et il n'aurait pas cru sauver toute sa vie s'il avait laissé périr Aimée. Il sut qu'elle et lui figuraient sur la liste. Cent louis, dont il négocia le versement à Jaubert, firent rayer les deux noms [1]. Celui de Chénier était inscrit et resta.

1. Le Chancelier Pasquier, qui fut parmi ces prisonniers, mais entra à Saint-Lazare seulement le soir du 8 thermidor, écrit dans

Montrond, Chénier, deux visages de l'humanité,
semblent rapprochés ici pour montrer l'infériorité du
génie sur l'intrigue dans la tactique de la vie. Tandis
que l'un achète les bourreaux, l'autre ne songe qu'à les
juger. Tandis que l'un travaille à ne pas périr, l'autre
ne s'occupe qu'à perpétuer le témoignage de sa conscience contre le mal triomphant, et c'est pour envoyer

ses Mémoires : « Si j'étais arrivé deux jours plus tôt, j'aurais sans
doute trouvé place sur les charrettes qui enlevèrent dans ces deux
jours plus de quatre-vingts personnes et les conduisirent à l'échafaud, grâce aux inventions des agents de Robespierre, au sujet de
prétendues conspirations des prisonniers. Il y avait dans chacune
des grandes prisons un certain nombre de misérables détenus en
apparence comme les autres prisonniers, mais apostés pour dresser
des listes et présider au choix des victimes. Plusieurs d'entre eux
avaient fini par être connus, et chose incroyable, ils ne périssaient
pas sous les coups de ceux au milieu desquels ils accomplissaient
leur honteuse mission. Bien plus, on les ménageait, on les courti-
sait. J'avais à peine franchi le premier guichet, lorsque je rencon-
trai sur mon passage M. de Montrond, déjà connu par l'éclat de
quelques sujets passablement scandaleux et dont les aventures
ont fait depuis tant de bruit dans le monde. Il s'approcha de moi
sans avoir l'air de me regarder et me jeta dans l'oreille ce salutaire
avis : « Ne parlez ici à personne que vous ne connaissiez bien. »
(T. I, pp. 107-108.)
    En 1795, un publiciste nommé Coissin voulut composer une
histoire des prisons sous le règne de Robespierre, et il avait fait
appel « à tous les citoyens qui avaient échappé au glaive de la
vengeance pour obtenir tous renseignements de nature à mettre
au jour le vaste tableau des turpitudes qui ont souillé notre révolution ». Un travail sur Saint-Lazare lui fut adressé par l'acteur
Jaubert qui jugea l'occasion bonne pour donner le change sur son
personnage. Après avoir raconté comme sérieuses son arrestation
et sa captivité, il écrivait : « Telle était notre situation lorsque le
commissaire des administrations civile, police et tribunaux, est venu
à Saint-Lazare. Nous avons su qu'il avait fait appeler les nommés
Manini et Coquerie, serruriers; nous avons cru que c'était un
membre de la commission populaire qui venait interroger les détenus; tous les cœurs étaient livrés à l'espérance, chacun de nous

à son père ses vers écrits sur des bandes de toile qu'il
corrompt un guichetier. Tandis que l'un surveille sans

croyait entendre le cri de la vérité et démontrer que son arrestation
était l'effet de haines et de vengeances personnelles. On me fit
aussi appeler dans la chambre du concierge Semi, j'y vis deux
citoyens qui m'étaient inconnus ; l'un d'eux, m'adressant la parole
me dit : « Je sais que tu es un bon patriote, je connais ta probité,
j'espère que tu justifieras l'opinion que j'ai de toi. Voici un ordre
du Comité de Salut public de rechercher dans les maisons d'arrêt
les ennemis de la Révolution. » Je pris l'ordre et le lus tout entier.
Il me demanda ensuite si j'avais connaissance d'un complot d'éva-
sion tramé à Saint-Lazare. Je répondis que si ce complot avait
existé, il aurait été très difficile qu'il eût échappé à la surveillance
des patriotes qui étaient dans cette maison. — « Voici les listes des
conspirateurs qu'on m'a données. » Et il se mit à m'en lire les
noms. Je vis avec frémissement plusieurs de mes amis notés sur
ces listes et nombre de citoyens et citoyennes incapables de cons-
pirer contre leur patrie. Je m'élevai contre cette dénonciation ; au
risque de me compromettre, je pris la défense de ceux que je
connaissais avec assez de chaleur pour les faire rayer.

Dès l'instant que je fus renvoyé par ce commissaire, je me rendis
dans la chambre des citoyens Millin et Cholet, et là je leur rendis compte de mon interrogatoire, de la dénonciation de Manini,
des listes que j'avais vues et de la défense hardie que j'avais osé
prendre de plusieurs citoyens que j'avais été assez heureux de faire
rayer. Voici les noms que je parvins à faire rayer : les citoyens
Duroute, Mollin, Martin, Poissonnier père, médecin de réputation,
Millin, Montrond, Delmas, Duparc, Lagaie, Pardaillan, ancien
constituant, les citoyennes Franquetot, Glatigny, Lassolay et sa fille. »
— *Tableau des Prisons de Paris*, t. I, pp. 164-168.

Mais la négociation à prix d'argent, des prisonniers avec
Jaubert et la part de Fouquier-Tinville dans les profits furent
attestées, lors du procès de ce dernier, par la déposition d'Antoine
Lamongière, juge de paix de la section des Champs-Elysées. Le
commentateur d'André Chénier, M. Becq de Fouquières la cite.
J'ajoute que désireux de retrouver le texte de cette déposition,
j'ai fait faire des recherches aux Archives, : une lettre de M. le
Directeur des Archives m'a appris que le document n'existe ni
dans la série W (Tribunal Révolutionnaire) ni dans la série F
(Comité de Sûreté Générale. J'ignore donc où M. Becq de Fouquières a recueilli cette déposition, mais l'exactitude est si scrupu-
leuse en cet écrivain que s'il affirme avoir vu la pièce il l'a vue.

cesse la liste de mort, l'autre ne laisse pas les nouvelles troubler ses pensées et ne veut rien enlever par un inutile effort de salut à la dignité de sa fin : il a toutes les maladresses d'une grande âme. Tandis que, pour l'un, s'intéresser à une femme, c'est entrer dans sa familiarité, la distraire, la servir et se faire de tout un moyen de plaire ; l'autre s'intéresse à elle sans qu'il tente rien pour l'occuper de lui ; il ne quitte pas à sa vue l'ombre de l'arbre que, dans le triste préau, il préfère et qui étend sur ses méditations une solitude respectée par les prisonniers ; il n'a pas besoin de lui parler, il parle pour elle, et, sans lui demander rien dans le présent, il lui donne l'avenir. Il est un des condamnés qui périssent le 8 thermidor, la veille du jour où la mort de Robespierre allait tuer la Terreur elle-même. Et, quand il disparaît, cette femme ne se doute pas du présent qu'il lui laisse, elle ne sent pas sa propre vie diminuée de cette perte. Les exécutions où il a péri la rendent seulement consciente du danger auquel elle échappe, et le sort tragique d'André n'accroît en elle que l'intelligence du service rendu par Montrond.

V

La gratitude d'une jeune femme envers un homme jeune et beau prend aisément un autre nom, et l'on est un peu excusée de perdre la tête pour qui l'a empêchée de tomber. Le 9 thermidor ne les avait délivrés tous deux que de l'angoisse, ils ne sortirent de prison que deux mois plus tard. [1]. Cette prolongation de captivité, qui ménageait un rendez-vous perpétuel à Montrond près d'Aimée, était pour lui la plus heureuse des chances. En joueur qui poursuit jusqu'au bout sa veine, il vit la possibilité de conduire l'aventure au mariage. Pour un petit gentilhomme de Franche-Comté, c'était un gain inespéré de s'attacher à une grande famille et à une grande fortune. Pour Aimée, au contraire, ce mariage était une déchéance. Son divorce d'avec le duc de Fleury n'était jusque-là qu'une mesure conservatrice de ses biens et protectrice de sa personne. Si peu reli-

---

1. Ils furent mis en liberté le 12 vendémiaire an III, deux mois et trois jours après le 9 thermidor. Les ordres sont rédigés selon la formule ordinaire par le Comité de Surveillance de la Convention Nationale. Les représentants Lesage, Senault, Legendre, Clauzel, Merlin, Louis du Bas-Rhin, Mannuyou, signent l'ordre qui délivre Montrond ; Legendre, Lesage, Senault, Merlin, Clauzel, Louis du Bas-Rhin, Collembit, signent l'ordre qui délivre Aimée. — *Archives de la Police*. Ordres de mise en liberté 25, 239 et 242.

gieuse que fût l'aristocratie, il était dans ses mœurs de violer la foi conjugale, non de la rompre. Contracter une seconde union alors que le duc de Fleury n'était pas mort, c'était pour la duchesse perdre, outre son titre et son rang, cette considération distincte de l'estime, mais inséparable des convenances sociales, qu'elle avait obtenue jusque-là. Donner toute sa personne, sauf la main, eût satisfait son amour sans changer sa condition. Mais changer de condition par l'amour était le but de Montrond. Curieux renversement des rôles, c'est la femme qui s'accommoderait d'une aventure, c'est l'homme, et quel homme! qui tient à donner à sa passion la solidité d'un contrat.

Aimée prit le temps de la réflexion avant de faire une sottise, car elle la fit. Quatre mois après sa sortie de prison, elle consentit à ce mariage. De nouveau et plus complètement elle se donnait toute à la ferveur de son amour et préférait à tous les avantages la joie d'obéir à l'homme en qui elle cherchait un maître[1].

Le maître, d'abord par ce mariage, puis par toutes ses leçons, lui enseigna que la fidélité à l'ordre ancien, dont toutes les institutions gisaient à terre, était inintel-

---

1. Extrait du registre des actes de mariage de la commune de Boulogne, département de Paris :

L'an troisième de la République française, une et indivisible, le 9 pluviôse, à cinq heures de relevée, en la maison commune du dit Boulogne,

A été marié par moi, Claude Chocarne, officier public de la commune, le citoyen Philibert-François-Casimir Mouret, âgé de vingt-six ans, fils majeur de défunt Claude-Philibert Mouret et

ligence ; que leur destruction avait à la fois affranchi et isolé les individus ; que, pour chacun d'eux, la sagesse, dans l'incertitude sur les intérêts généraux et la société future, était de garder tout son dévouement à soi-même et à son plaisir.

C'était précisément l'heure où, lasse de s'être exaltée et sacrifiée pour le triomphe d'intérêts publics, la nature humaine reprenait partout son équilibre dans l'égoïsme. Les républicains vainqueurs voulaient jouir du pouvoir et de la vie, la plupart des aristocrates aspiraient à une paix qui sauvât quelques restes de leur fortune personnelle. Égale était leur hâte d'oublier, ceux-là leurs crimes, ceux-ci leurs malheurs, dans le plaisir, et ainsi ils devenaient nécessaires les uns aux autres. Les anciens nobles avaient besoin des révolutionnaires pour obtenir grâce comme émigrés, restitutions comme propriétaires, accès comme parents pauvres aux fêtes que pouvaient seuls donner les parvenus de la Révolution, accapareurs de l'argent, des belles demeures, des objets d'art, des accessoires indispen-

Angélique-Marie Arlus, ses père et mère, de la commune de Delaceux, département du Doubs,

Avec Anne-Françoise-Aimée Franquetot, âgée de vingt-un ans et demi, fille de défunt Auguste-Gabriel Franquetot et Anne-Josephe-Michel Boissy, ses père et mère, natifs de Paris, elle femme divorcée de André-Hercule-Marie Rosset-Fleury, suivant l'acte qui m'a été présenté en date du sept mai mil sept cent quatre-vingt-treize, an deuxième, rendu exécutoire par ordonnance du tribunal du sixième arrondissement de Paris, le vingt-trois avril de la même année, duquel il résulte que l'époux est émigré. — Archives de Mareuil.

sables à la vie mondaine. Et ces parvenus avaient besoin
de ces parents pauvres pour apprendre d'eux le goût, la
grâce, la simplicité élégante, la transmutation de la
richesse en luxe. Une société nouvelle se forma par le
mélange des deux classes. Même aux jours où la République proscrivait la politesse comme un crime d'inci-
visme, quelques étrangères, attachées au monde ancien
par leur naissance et aux idées nouvelles par leur sympathie ou par leur curiosité, avaient commencé ce
mélange. La plus illustre était madame de Staël ; les
plus constantes, mesdames de Bellegarde, qui, attachées
par le sang à la Maison de Savoie [1] et par le choix à la
Révolution, n'avaient pas quitté Paris, même pendant
la Terreur. L'éclat que leur origine donnait à leurs opinions, leur familiarité avec les chefs populaires avaient
assuré à ces étrangères le privilège d'entretenir, au
milieu du silence, un murmure de conversation. Par
les portes discrètement entr'ouvertes quelques Françaises
d'égale naissance et demeurées à Paris avaient été heu-
reuses de rentrer dans la vie de société : telles la princesse de Vaudemont et la vicomtesse de Laval. Cette
société grandit avec la sécurité qui, sous le Directoire,
venait de ramener Talleyrand. Lui, devait son portefeuille à madame de Staël, il avait dû à madame
de Laval des plaisirs moins fades que la reconnais-

---

1. Elles le disaient ou le laissaient dire : mais auraient-elles pu
faire leurs preuves à cet égard ? Cela semble douteux, bien qu'elles
fussent de très bonne maison.

sance [1]. Dans cette compagnie, où il était heureux de retrouver l'éducation de l'ancien régime, il introduisit les plus distingués parmi les hommes du régime nouveau. De ce centre où la vie resta simple, avec la seule élégance des manières et le seul luxe de l'esprit, la société mondaine allait s'étendre en cercles de plus en plus vastes jusqu'aux fêtes officielles, où tout était dorure, spectacle et foule.

Aimée de Coigny trouva partout accueil. La parenté et l'amitié lui ouvraient les demeures de la vicomtesse de Laval et de la princesse de Vaudemont. Elle soutint à son avantage l'examen de celui qui était le grand juge du ton et de l'esprit. Le mari d'une femme brillante est sacrifié et souvent ridicule. Comme le danseur des ballets, qui redevenaient alors à la mode, il lui faut, à la fois ombre et force, suivre, soutenir, lancer la danseuse, et donner plus d'ailes aux envolées de sa compagne : moyennant quoi il a droit, tandis qu'elle reprend haleine, à quelques pirouettes, mais courtes, et l'on tolère son talent dont la perfection est d'être discret. M. de Montrond était l'homme fait pour jouer ce personnage. Nul n'était moins encombrant. S'il aimait à se mêler aux acteurs de la comédie humaine, c'était non pour leur disputer la scène, mais pour voir de plus

1. Aimée de Coigny, dans ses *Mémoires*, dit de madame de Laval : « Maîtresse de M. de Talleyrand quand elle était jolie, actuellement son amie très exigeante, c'est la seule au fond qui ait de l'empire sur lui. »

près tous les mensonges du théâtre et en jouir. Il aimait le silence qui aide à mieux observer, le rompait par des mots désenchantés, aigus, ironiques, mais rares, comme s'il dédaignait aussi le renom de penseur, et, en quoi il se montrait aristocrate, il ne forçait jamais sa veine pour fournir plus d'esprit qu'il ne lui en venait. Et cette philosophie imperturbablement contemptrice de la nature humaine, et cette persévérance à trouver un amusement dans la laideur, et cette discrétion à apprendre aux autres le peu de cas qu'il faisait d'eux, et cette conformité entre son mépris de tout et son absence de toute ambition, lui composaient une figure. C'est ainsi que, lui aussi, avait réussi même auprès de M. de Talleyrand. Leurs scepticismes s'étaient attirés. Dans la différence de leurs conditions, ils se sentaient de même nature, leur intelligence aimait l'insensibilité de leur âme, et leur familiarité, curieuse comme une gageure, cherchait lequel des deux était le moins dupe du genre humain.

Mais si Aimée ne perdit pas sa place dans la société qui survivait encore en France, si le monde révolutionnaire se para d'elle, fier du gage qu'elle lui avait donné par son mariage irréligieux, si Montrond eut sa part de ce succès, que devenait dans le succès le bonheur?

L'originalité de Montrond était un de ces mérites qui, pour rester des mérites, doivent apparaître de loin en loin. La prétention à n'être dupe de rien est elle-même une duperie et de toutes la plus triste. Elle rend incapable de croire à rien de désintéressé, de noble, et, vue de près, fait le censeur méprisable à ceux qu'il méprise. Avoir tant sacrifié à un homme, satisfaite pourvu qu'il reconnût en cette largesse la preuve d'un entier amour, et se trouver unie à un négateur des générosités et des dévouements, qui s'estime de n'estimer personne et a assez affaire de s'aimer, était, pour une femme, de toutes les déceptions, la moins attendue et la plus cruelle. Quand elle eut achevé son voyage de noces, le vrai, l'important, le redoutable, celui que chacun des époux fait dans l'âme de l'autre, elle sentit, et chaque jour davantage, l'injustice, l'humiliation et l'offense. Elle finit par prendre en horreur cette humeur égale dont nulle émotion ne troublait jamais l'équilibre, ces jolis mots qui assassinaient élégamment le respect, l'estime, la confiance, cet art tourné en infirmité de ne prendre plaisir qu'à la laideur humaine. Elle fut lasse qu'on fît rire son esprit de ce qui faisait pleurer son cœur.

VI

Des griefs naissent les représailles. Elle les tint suspendues plus de cinq années, obstinée à espérer encore. Mais, le jour où elle n'eut plus de doutes sur sa méprise, cette femme mal gardée par le devoir devait chercher une revanche de l'amour. Et, comme il y a dans les entraînements de cœur plus de logique et moins de hasard qu'on ne croit, si un homme avait chance de lui plaire, c'était le moins semblable à son mari.

Or, en même temps que Montrond décourageait Aimée, le Directoire avait lassé la France, et la même loi des contrastes venait de triompher dans le régime nouveau. Les divisions anarchiques du gouvernement collectif, la corruption des hommes publics, l'incapacité de la démagogie, les excès de la tribune, trouvaient pour terme le geste impérieux et bref d'un soldat. La Constitution accordait, il est vrai, à la liberté, des avocats d'office. Mais, en écrasant sous le nom de Tribuns ces hommes qui, sans droit de veto, ni d'appel au peuple, obtenaient seulement licence de plaidoirie en faveur des franchises publiques devant un corps législatif choisi par le pouvoir, la Constitution les réduisait à la plus discréditée des puissances, la parole. Et, au milieu d'institutions créées pour le travail silencieux et rapide, ce monopole du bavardage aux tribuns n'allait pas sans un peu de ridicule, et semblait calculé pour le leur donner.

Pourtant, les raffinés d'intelligence, accoutumés à entretenir, par la vie de salon, le goût de la controverse, redoutaient la main autoritaire de Bonaparte. En vain, leur chef naturel, Talleyrand, venait de passer au plus fort : la société dont il avait été l'arbitre persévérait, avec madame de Staël, à vouloir un gouvernement d'opinion. M. de Montrond suivait M. de Talleyrand, Aimée de Coigny resta aux côtés de madame de Staël. Il y avait une certaine grandeur à réclamer contre le génie les droits de la raison, à défendre, malgré un peuple fier d'obéir, la souveraineté nationale. L'abandon même où se trouvait le droit de tous, qui n'intéressait presque plus personne, et le péril de ces obstinés, assez hardis pour contredire la toute-puissance du maître, donnaient aux tribuns opposants un air de courage et de magnanimité. Dans les salons, on prodiguait à ces survivants du régime parlementaire l'empressement flatteur et les faciles enthousiasmes qui font illusion sur la force d'une cause aux héros et aux spectateurs des triomphes mondains.

Au nombre de ces tribuns était Garat[1], de cette dynastie qui fournissait des acteurs au théâtre et à la

1. La notoriété de la famille commença par Joseph Garat. Celui-ci était fils d'un médecin établi à Ustaritz, dans le pays basque. Second de six enfants, il reçut, avec ses trois frères et ses deux sœurs, une éducation solide et pieuse : un de ses frères devint prêtre et une de ses sœurs religieuse. Pour lui, avocat, député important de la Gironde, ministre de la justice et régicide sous la Convention, ambassadeur sous le Directoire, sénateur au lendemain du 18 Brumaire, comte de l'Empire, écarté de la politique par le retour des Bourbons, il acheva sa vie à Ustaritz en 1824, royaliste et chrétien. Durant le déluge révolutionnaire, il s'était, pour ne pas périr, réfugié dans la petite arche de son égoïsme et voguait satisfait pourvu que sa fortune flottât, fût-ce sur du sang. Mais lorsque la grande inondation se retirant, le laissa à sec, il fut ressaisi par les anciennes puissances, l'amour du sol natal, la loi de l'hérédité, l'enseignement des premiers maîtres, et dès qu'il n'espéra plus rien des hommes, il revint à Dieu. Il ne laissa pas d'enfants.

Son frère Dominique, avocat au Parlement de Bordeaux, puis

politique. Le tribun chantait d'une belle voix la liberté, comme son frère, le grand Garat, les romances. Si sa renommée n'était pas égale, il avait pourtant son public, et l'opposition tenait pour orateur cet homme dont la bruyante indépendance irritait le Premier Consul[1]. C'est sur ce Mailla Garat que s'égara le choix d'Aimée.

membre de l'Assemblée constituante, en eut cinq, dont quatre fils, Pierre, Mailla, Francisque et Fabry. Pierre, né en 1762 et mort en 1823, fut le chanteur, et celui-là du moins ne dut sa fortune qu'à sa voix et à ses manies dont il savait faire autant de modes. Mais Mailla, né en 1763, s'introduisit par Joseph dans la politique et quand, à trente-sept ans, il fut fait tribun, deux vers coururent :

> Pourquoi ce petit homme est-il au Tribunat ?
> C'est que ce petit homme a son oncle au Sénat.

Révoqué, il attendit de la camaraderie politique une compensation. La politique lui valut sous l'Empire un poste subalterne, que son ancien collègue du Tribunat, Daunou, devenu directeur des Archives, lui donna dans les bureaux ; aux Cent-Jours, la politique fit de lui un secrétaire général à la préfecture de la Gironde ; la politique le destitua au retour des Bourbons. Quand il n'eut plus de protecteur, il n'eut plus d'avenir et traîna à Bordeaux son oisiveté jusqu'à sa mort, en 1837.

Francisque se fit aussi remorquer par l'oncle Joseph : quand celui-ci eut l'ambassade de Naples, Francisque l'accompagna comme secrétaire et au retour obtint dans les douanes une place dont il vécut cinquante ans. Fabry, chanteur comme Pierre, mais avec moins de talent, se mit, comme Mailla et Francisque, à la traîne de l'oncle Joseph et obtint une perception à Vaugirard.

Aujourd'hui, un ministre qui n'accorderait pas davantage et à plus de parents semblerait austère. Le népotisme modéré de Joseph au milieu d'une révolution faite contre toute injustice et tout privilège est intéressant comme un début du nouveau favoritisme qui, de plus en plus, devait livrer les fonctions de l'État à la clientèle des hommes publics.

1. Thibaudeau raconte que « l'amiral Truguet défendant un jour devant le Premier Consul les idées républicaines, celui-ci avait répondu : — Tout cela est bon à dire chez madame de Condorcet et chez Mailla Garat. » — *Mémoires sur le Consulat*, Paris, 1826, p. 34.

Entre lui et la marquise de Condorcet une liaison existait, avouée, admise, la plus maritale des situations illégitimes. Sans doute fut pour quelque chose dans les
coquetteries d'Aimée le plaisir de prendre un homme à
une femme, de voler un amour connu[1] ; c'était l'espèce
de larcin qui la tentait, on le sait. Toutefois cela n'eut
pas suffi pour qu'elle agréât « ce petit homme à l'air
chafouin[2] ». Mais, obsédée par la laideur morale d'un
bel homme, par cette pédanterie d'égoïsme qui proscrivait toute émotion comme une inintelligence, elle en
était venue à croire que la plus enviable beauté de
l'homme était : croire, aimer, se dévouer. Garat, qui avait
sans cesse à la bouche l'intérêt général, les droits du
peuple, lui parut, comparé à Montrond, le représentant
d'une grande cause, une manière de héros. Elle cher-

1. Madame de Vaudey raconte ainsi la petite scélératesse qu'Aimée
aurait mise dans sa mauvaise action :

« Le tribun, séduit par les charmes et l'esprit de la duchesse de
Fleury, tout en cherchant à lui plaire, ne pouvait pas se décider à
rompre ses relations avec madame de Condorcet. Il croyait pouvoir
concilier les procédés et son nouvel amour. Mais la duchesse, impa-
tientée par cette communauté de soins, voulut y mettre un terme.
Étant allée faire une visite de quelques jours à la campagne, chez
madame de Condorcet, elle feignit d'oublier dans sa chambre son
écritoire dans laquelle se trouvaient plusieurs lettres du tribun,
ayant soin que l'une de ces lettres sortît un peu de l'écritoire. Après
son départ, la femme de chambre de madame de Condorcet descen-
dit à sa maîtresse cette écritoire oubliée, pour la faire renvoyer à
la duchesse. La tentation était très forte : l'écriture de Mailla qu'on
pouvait reconnaître sur le fragment qui sortait de l'écritoire excitait la curiosité de madame de Condorcet, elle y céda. C'est ainsi
qu'elle connut qu'une autre possédait ce cœur qu'elle croyait tout
à elle. » — *Souvenirs* de la baronne de Vaudey, p. 10.

2. *Souvenirs de la baronne de Vaudey.*

chait une âme, elle ne regarda pas au corps où cette âme s'était logée.

Cette psychologie semble superflue au récent biographe du chanteur Garat. M. Paul Lafond, persuadé que la nature ne prépare pas de si loin les rencontres amoureuses, a sa version, que voici. Le chanteur, dit-il, était irrésistible : contre lui, Aimée « ne songea même pas à se défendre ». Elle habitait, près de Paris, une campagne louée en commun avec mesdames de Bellegarde, elle présenta son vainqueur à ses amies, il amena son frère : ce fut assez pour que, peu après, le chanteur passât d'Aimée à l'une des dames de Bellegarde et pour que Aimée se consolât du chanteur avec le tribun. Cela est fort simple, même trop. M. Paul Lafond affirme, mais il n'apporte ni d'Aimée un aveu, ni d'un seul contemporain un soupçon qui serait une présomption de preuve, pas même du grand Garat un billet, ne fût-ce qu'une preuve de présomption. Rien n'est pas assez. Et comme, tantôt, un peu pressé, il jette Aimée de Coigny en prison deux années plus tôt qu'elle n'y entra, et par compensation l'enterre plus jeune de deux ans qu'elle ne fut prise par la mort; comme, tantôt, un peu tardif, il ajourne jusqu'après le 9 thermidor le divorce qui, dès 1793, l'avait séparée du duc de Fleury; comme il la prend pour la marquise de Coigny, quand il déclare écrits pour elle les Mémoires de Lauzun, on a droit de croire que, s'il a confondu les deux cousines, il a pu mal distinguer entre les deux frères. Et, si son récit n'est

qu'un écho incertain de quelque vantardise orale où se
trompait elle-même l'incommensurable vanité du chanteur, il suffit de répondre : « Chansons que tout cela. »

Loin de ne chercher qu'une rencontre d'inconstances.
Aimée apportait, dans cette nouvelle tentative, la même
vocation d'obéissance, le même besoin de se rendre semblable à celui qu'elle aime. Orléaniste avec Lauzun,
aristocrate avec Malmesbury, sceptique avec Montrond.
la voici républicaine. Et comme, cette fois, ce n'est pas
un caprice de vanité ou de désœuvrement qui la livre à
un petit-maître ; comme, conduite à une même faiblesse
par un sentiment moins vulgaire, elle est poussée par
son dégoût d'un homme qu'elle méprise vers un homme
qu'elle croit estimer, elle semble aller au désordre avec
une âme neuve. Elle apporte à se perdre des scrupules
de conscience et une pudeur de sentiments que ni son
éducation ni sa nature ne lui avaient donnés, que ses précédentes fantaisies ne lui avaient pas appris. La mésés-
time où Montrond tenait l'espèce humaine le préparait à
ne subir l'infidélité ni comme une surprise ni comme
un malheur. D'ailleurs, mieux que la philosophie, nos
passions calment nos passions ; il était trop joueur pour
être importunément jaloux. Il ne faisait plus la cour
qu'aux « beaux yeux de la cassette », où il puisait souvent, et Aimée se laissait ruiner, indifférente à la fortune. Mais le jour où elle écrivit à Garat : « Je suis ta
vraie femme », elle ne supporta pas la pensée d'appartenir à un autre, elle voulut, pour être tout entière au

nouvel élu de son cœur, rompre le reste du lien qui
l'attachait à Montrond. Le divorce fut prononcé [1], et
c'est sous son nom d'Aimée de Coigny qu'elle allait
désormais courir les hasards du cœur.

Quand le mariage a cessé d'être la transformation de
l'amour en devoir par un engagement pris pour jamais
envers Dieu, les contrats de fidélité temporaire passés
devant une autorité tout humaine sont vides de respect
et de logique. Si l'amour seul fait le devoir, on n'a point
à s'engager envers un tiers à aimer : cela ne regarde que
deux personnes. Et comme elles ne sont pas maîtresses
de demain, qu'il s'agisse d'aimer ou de vivre, il leur
suffit d'être l'une à l'autre, sans vaines promesses. Aimée
de Coigny, pensant ainsi, pratiqua avec Garat l'union
libre. Mais c'était si peu avec une arrière-pensée de se
reprendre, ou de cacher son intrigue, qu'elle alla habiter avec lui. Elle montre plus que jamais cette audace

1. M. de Lescure, dans son livre *l'Amour sous la Terreur*, écrit
qu'après le mariage Aimée et Montrond partirent pour l'Angleterre, et « qu'après deux mois les époux revinrent à Paris dos à
dos et pour y divorcer ». Il n'y a pas apparence que deux personnes, à peine échappées à la mort, partissent pour un pays en
guerre avec la France, cherchassent le risque d'être au retour pris
comme émigrés : le séjour de l'Angleterre avait trop desservi
Aimée pour qu'elle dût être désireuse d'y revenir ; enfin ce mariage
ne dura pas deux mois, mais sept ans. C'est le 19 brumaire an IX
qu'Aimée accomplit les premières formalités pour obtenir le divorce.
C'est le 6 germinal, an X qu'u« en l'absence du sieur Mouret, lequel
ne s'est présenté quoique sommé », et « sur la réquisition expresse
de la dame Franquetot Coigny, qu'est prononcée pour cause d'in-
compatibilité d'humeur et de caractère, la dissolution du mariage
qui a eu lieu entre lesdits sieur Philibert François-Casimir-Maurel
Montrond et dame Anne-Françoise-Aimée Franquetot Coigny. »

des déterminations, indifférente des suites, qui l'inspire quand elle aime et pour être plus à ce qu'elle aime. Au moment où elle refuse de se lier, elle n'hésite pas à se compromettre. Elle ne veut pas fixer son avenir par des engagements définitifs, elle l'enchaîne par des actes irréparables. Car, cette fois, elle achève de se perdre. Par son mariage avec Montrond, elle avait descendu dans son monde : elle en sort par son commerce avec Garat. Elle se range parmi les rebelles à toute situation régulière, et se déclasse au moment où le Consulat restaurait dans les mœurs, sinon la vertu, au moins la décence.

L'homme pour qui elle sacrifie tout est-il de ceux qui tiennent lieu de tout? Elle comptait s'associer à la vie d'un grand citoyen, soutenir le combattant de la liberté contre le despotisme : elle est à peine la compagne de Garat qu'il est destitué par le Premier Consul avec les principaux tribuns. Sa disgrâce est plus grande que son mérite. Simple déclamateur, il a emprunté les idées et voudrait plagier la forme de Rousseau, le grand maître qui a formé de si mauvais disciples. Le jour où il n'a plus à mettre en discours les lieux communs de la politique, c'en est fait de son unique talent; il n'est plus qu'un acteur sans théâtre et, après quelques jours, personne que lui ne gémit sur son silence. Adieu la gloire! Tant mieux, moins de temps sera volé à l'amour. Bienvenue soit l'existence étroite où l'on vivra plus près l'un de l'autre! Mais comment, si près, ne pas se juger? Mailla est peuple, montagnard basque, devenu robin, il sait les lois qu'on apprend dans les écoles, il ignore ces lois non écrites qui se transmettent par une tradition héréditaire, et qui, par les habitudes tout extérieures du savoir-vivre, rendent discrets les défauts, visibles les mérites, inspirent les qualités dont elles enseignent les apparences, et contribuent tant au charme de la vie intime. Aimée subit de Garat les vulgarités, le sans-gêne, les maladresses que la médiocre éducation donne aux qualités même. Elle semble une statuette de Sèvres aux mains d'un rustre : non seulement les violences, mais les caresses brutales de ces doigts gourds menacent cette délicatesse qui est fragilité. Tel qu'il est, pourvu qu'il soit tout à elle, c'est assez, et elle accepte joyeusement la vie des couples gênés, emprunte, hypothèque [1] pour son faux ménage, se fait la servante de ce petit compagnon. Elle n'a besoin que de fidélité. Son illogisme veut une vie régulière dans le désordre; elle fait, comme tant d'autres, ce rêve dont tant d'autres, comme elle, ont été réveillées si rudement par l'inconstance masculine. Elle a trouvé bon que Mailla rompît pour elle d'autres liens, Mailla s'en tient aux chaînes légères. Il la trompe,

---

1. Sa fortune avait été fort diminuée par Fleury, puis par Montrond. Sans même qu'il fût besoin d'en faire l'inventaire, et quinze jours après le divorce, Aimée renonça, par acte notarié du 21 germinal, an X, à la communauté de biens, qui avait existé entre elle et Montrond, « la dite communauté lui étant plus onéreuse que profitable ». Et, le 11 thermidor an X, elle vendait la terre de Mareuil.

ou elle le croit. Elle se plaint, défend ses droits avec jalousie, il défend sa liberté avec emportement, elle s'obstine. « Et s'il me plaît d'être battue ! » disait la Martine de Molière. Aimée le fut, dit-on. Quel sort pour une duchesse qui avait eu son tabouret à Versailles, toutes les délicatesses du luxe à Paris, et partout les hommages des maîtres en l'art de plaire !

Et qui la retenait en ce triste esclavage ? Les sens. Le compagnon avait su les exciter et les satisfaire. L'amour qu'elle avait commencé avec le moins de vices, avec le plus d'idéal, est tombé là ! Il ne s'agit plus d'être l'associée d'une grande cause, la consolatrice d'un grand homme : qu'elles sont vite passées, l'union des âmes et l'alliance des enthousiasmes ! Dans les lettres d'Aimée à Mailla Garat, il reste seulement, avec le souci de trouver les ressources nécessaires à la durée de l'existence commune, les ardeurs lascives qui désormais la remplissaient. Cette vie dura six ans, et, pour que l'humiliation fût complète, c'est lui qui se lassa le premier. C'est elle qui s'obstina à le retenir ; quand il fut parti, à le reprendre ; quand il eut disparu, à le pleurer.

Elle se promit alors de ne plus recommencer avec personne la triste expérience, et résolut de tromper par l'activité de son intelligence la viduité de son cœur.

L'Empire était alors dans sa jeunesse et dans sa gloire. Napoléon n'avait laissé d'asile à la liberté que les œuvres d'imagination, et les lettres elles-mêmes, sans influence sur la politique, en subissaient, comme tous les arts, le prestige. Elle avait remis en honneur Sparte, Rome, l'Égypte. De l'antiquité, l'on avait ressuscité les vertus civiques, dépassé les modèles militaires, on la voulait égaler par les gloires de la pensée. Les écrivains d'ailleurs, plus encore que les sénateurs et les tribuns, semblaient vieux et non antiques : c'est surtout à l'imagination que le souci d'imiter est redoutable. Il enlevait toute spontanéité, tout naturel à leur effort pour donner aux pensées de leur temps et de leur race un air romain ou grec. Par bonheur, ces tyrannies de la mode ne gâtent que les œuvres écrites, destinées au public, et où les lettrés mettent leur honneur. Quand ils oublient la postérité et se reposent de leurs œuvres dans la conversation, l'esprit français, sous toutes les écoles et malgré elles, garde sa grâce, son goût, sa mesure, son indépendance et la malice ailée de ses traits. Ainsi les mêmes auteurs dont les vers et la prose ont la même pauvreté solennelle et représentent dans la littérature le style empire, dès qu'ils déposaient la plume redevenaient Français, c'est-à-dire aimables et brillants. Aimée entra en relations avec les plus connus d'entre eux. A ces hommes d'esprit elle apporta le sien, qui n'était inférieur à celui de personne, et sa renommée s'établit vite parmi ces faiseurs de réputations. L'aptitude de son intelligence à entrer dans les goûts de ceux avec qui elle vivait lui inspira sa première tentative de devenir auteur. Puisqu'il n'y avait plus de roman dans sa vie,

elle en tira un de son imagination, et écrivit *Alvar*. Je
n'ai pu retrouver le livre. Elle ne l'avait édité qu'à
vingt-cinq exemplaires. Si son pied fin laissa voir un
bout de bas bleu, on ne pouvait mettre dans le geste
plus de réserve. Et cette indifférence de grande dame
pour le suffrage de la foule contraste fort avec la fureur
de notoriété banale qui, aujourd'hui, révèle des goûts
de parvenues en tant de femmes fières de leur race.

Mais, faute qu'elle eût par des succès d'auteur changé
de renommée, et comme si l'on ne pouvait avoir le
goût des lettres sans l'envie de se faire valoir par elles,
ses biographes n'ont pas voulu croire à cette trêve où
le cœur s'endormait aux jolies chansons de l'esprit.
Obsédés par sa gloire d'amoureuse, ils n'ont pas admis
la lassitude ni le repos de son cœur. L'unité du caractère dans leur héroïne exigeait l'ininterruption de ses
faiblesses. Ils ont dans sa retraite éventé une ruse, cru
que son amour de la littérature avait été son amour de
certains littérateurs. Qu'elle ait eu pour Lemercier de
l'admiration, elle n'en a jamais fait mystère. Que cette
admiration ne fût pas méritée par le talent, c'est l'avis
d'aujourd'hui, ce n'était pas l'avis d'alors : et, heureu-
sement pour les honnêtes femmes qui s'enthousiasment
d'œuvres médiocres, les preuves de mauvais goût ne
sont pas des preuves de mauvaises mœurs. D'ailleurs,
Lemercier méritait l'attachement par son caractère, et
le caractère, à soixante-dix ans, n'inspire plus d'amour.
Lemercier n'était pas seulement vieux, mais infirme, à

demi paralysé, à peine la moitié d'un homme, et elle n'était pas femme à s'éprendre d'un buste. Étienne de Jouy, au contraire, était un galantin fort capable de compromettre les femmes : son succès auprès de la nôtre paraît sûr à M. Paul Lacroix. Les preuves sont : une lettre de 1813, qu'elle signe Aimée, où elle supprime « monsieur » et rend compte de ses démarches faites en faveur de l'écrivain, alors candidat à l'Académie française ; plus une seconde lettre où elle lui rappelle « les bons moments qu'ils ont passés ensemble ». Que le passé de cette femme ne rendît pas invraisemblable une aventure, soit : mais la mauvaise réputation ne prouve rien, précisément parce qu'elle prouverait trop. Les indices relevés contiennent-ils certitude ou probabilité de ce caprice pour Jouy ? L'absence des formules ordinaires dans une lettre ne peut-elle révéler une camaraderie aussi bien qu'une passion, et la passion, chez Aimée, ne parle-t-elle pas plus clair ? Si une influente accorde son patronage à un candidat à l'Académie, est-ce une preuve qu'elle n'ait plus rien à lui refuser ? Les bons moments ne sont-ils que d'une sorte ? Pour laisser à une femme spirituelle et instruite, un souvenir agréable, faut-il que les conversations aient été criminelles ? Enfin, si fragile qu'ait été sa chair, Aimée ignora l'avilissement qui change la faiblesse en perversité, et, sauf au début de ses désordres, elle ne tenta jamais de mener ensemble plusieurs intrigues : elle fut la femme d'une seule erreur à la fois. Or, en 1813, au moment où les témoins qui n'y étaient pas la déclarent éprise de Jouy, elle vivait sous l'influence d'un autre, qu'elle-même va nommer. Ainsi les biographes ont eu à la fois tort et raison. Ils se sont trompés sur la personne pour laquelle Aimée avait renoncé à la solitude du cœur; mais ils ne se sont pas mépris sur l'impuissance où était ce cœur de garder longtemps sa solitude.

VII

Le marquis Bruno de Boisgelin, capitaine de dragons en 1789, avait été entraîné dans l'émigration par la solidarité de la race et des armes, et ramené par sa raison en France dès le Consulat. C'était, en 1812, un homme de quarante-cinq ans, de belle mine, d'intelligence ouverte, d'un noble caractère. Aimée célèbre ces mérites dans les *Mémoires* écrits pour lui, et, si l'on baisse un peu la note de l'éloge, la note est juste. Entre ces deux personnes, l'unique lien dont Aimée parle et s'honore est celui d'une tendre et enthousiaste amitié. Je ne voudrais pas suivre l'exemple des écrivains que j'ai repris d'avoir cru au mal sans preuves, et la preuve est pénible qu'on cherche dans les aveux d'une femme, pour établir l'insuffisance de ses aveux. Je me contente

de lire les *Mémoires* : cette amitié se plaît aux caresses
des mots, et l'ami est plus Bruno que Boisgelin ; entre
elle et lui, l'intimité est assez grande pour qu'à toute
heure du jour elle puisse aller chez lui, ou lui l'attendre
chez elle, comme si leurs deux logis étaient communs ;
parfois ils n'en ont qu'un, partent ensemble pour le
château de Vigny, où tous deux demeurent seuls jusqu'à trois mois. Or, l'ancien capitaine de dragons est
marié à une femme laide[1] et ne se pique d'être fidèle
qu'à son roi. Aimée touche à l'âge où, Balzac va le
dire, la femme est le plus voluptueusement désirable,
en la plénitude de son fruit mûr. Cet épanouissement,
proche du déclin, la sollicite elle-même, non moins
tentée que tentatrice. Aucun scrupule ne la retient, et
l'occasion habite sous son toit. Il me semble que le
lecteur dit : « La cause est entendue. » Mais si, par cette
nouvelle affection, elle sortit encore du devoir, Aimée
rentrait du moins dans son monde, et cette fois la faiblesse n'était pas avilie par le choix du complice.

M. de Boisgelin parvenait à un âge où l'amour complète, distrait ou embarrasse la vie, mais ne la remplit

---

1. Parmi les notes rédigées par le duc de Bassano en 1803, à
l'appui des candidatures au titre de chambellan honoraire, se
trouve celle-ci : « Bruno de Boisgelin, âgé de quarante ans, neveu
du cardinal et du maître de la garde-robe du roi, ayant épousé
mademoiselle d'Harcourt, fille du duc de Beuvron. Il jouit de
35 000 livres de rente et attend une fortune considérable de sa
belle-mère qui, étant Rouillé, a été immensément riche. C'est un
homme aimable et de bonne compagnie ; sa femme, dont il n'a
qu'une fille, est extrêmement petite et a un extérieur désagréable. » — *Archives nationales.* Minutes des décrets. AF. iv 1773.

pas. Sans emploi sous l'Empire, il avait plus de temps pour penser. La fidélité à ses princes, l'amour de son pays, l'espoir d'être utile à lui-même en servant sa cause, lui inspiraient le désir d'un autre régime. Et cette préoccupation devint chez lui trop profonde et constante pour que la confidence n'en fût pas faite à Aimée de Coigny.

En cette circonstance encore apparut l'aptitude de cette femme à accepter les pensées de ceux qu'elle aimait. Sans disputer avec M. de Boisgelin, sinon pour lui donner le plaisir d'avoir raison contre elle, elle se rendit à la légitimité. Ce ne fut pas un consentement de complaisance, passif et stérile. Enfin admise à cette collaboration qu'elle avait en vain cherchée jusque-là, elle se montra zélée, active, ingénieuse, persévérante ; elle servit le dessein de son ami autant et plus qu'il le servait lui-même. Et, cette fidélité d'intelligence, qu'inspirait la fidélité du cœur, survivant à l'action, Aimée écrivit pour lui le récit de ce commun effort. Telle fut l'origine, tel est le sujet des *Mémoires*.

Dans ces *Mémoires*, ce dont elle parle le moins, c'est de sa vie. Peu de femmes avaient autant à dire, si elle avait voulu se raconter. Elle ne fait à son passé que deux allusions. Au moment de sa rupture avec Mailla Garat, elle s'était réfugiée chez la princesse de Vaudemont, « où j'avais fui, dit-elle, des malheurs de plus d'un genre ». On ne saurait mettre plus de discrétion dans plus d'exactitude. Ailleurs elle se définit : « une femme ayant rompu les liens qui l'attachaient à l'ancienne bonne compagnie, n'en ayant jamais voulu former d'autres, et étant restée seule au monde, ou à peu près ». Qu' « à peu près » est un joli euphémisme, et que la langue française est une belle langue, pour cacher tant de choses en si peu de mots !

L'amoureuse prend la parole en témoin d'une œuvre politique. Elle donne au passage quelques détails sur la société littéraire où elle a fréquenté. Mais elle ne raconte avec suite que sa collaboration d'un instant à l'histoire de son temps, et, sur ce sujet, se plaît à tout dire.

Cette réserve et cette abondance, qui se font contraste, sont la première originalité des *Mémoires*. Pourquoi tant de secret sur ses expériences amoureuses? N'éprouvant pas le remords des actes, elle ne devrait pas connaître la honte des aveux. Et pourtant, ils l'humilient. Elle ne saurait apprendre à l'ami d'aujourd'hui les amis d'hier sans devenir moins précieuse pour lui. Sa propre intelligence, à contempler ensemble, enlaidies l'une par l'autre et mortes, ses aventures, éprouve un trouble qu'elle ignorait jadis, surprise par l'attrait successif et vivant de chaque passion. Enfin, l'expérience dernière qu'elle a faite avec M. de Boisgelin l'a éclairée sur l'infériorité de toutes les autres. Dans ses précédents voyages au bonheur, elle ne s'est, avec chacun de ses compagnons, occupée que d'elle et de lui, sacrifiant tout à deux personnes et réduisant la vie à la communion de deux égoïsmes. Avec Boisgelin, elle a, pour la première fois, senti une solidarité entre sa vie personnelle et la vie générale, entre son action et l'intérêt de tous. C'est, dans sa carrière agitée, le seul instant dont elle soit fière. Voilà pourquoi elle s'y complaît, pourquoi elle raconte dans tous leurs détails les événements. Elle ne se lasse pas de fournir ces preuves qu'elle a voulu le bien, et, après plusieurs années, la satisfaction de cet effort vibre encore dans l'enthousiasme du récit. « Mon âme réunie à celle d'une noble créature se sentait relevée et remise en sa place. » Remarquables paroles autant qu'inattendues ! Nul tourment de foi, nul scrupule de raison, nulle pudeur de corps, ne révèlent à cette femme qu'il y ait une diminution de la dignité dans le vagabondage des tendresses. Et pourtant, elle sent, elle proclame elle-même la déchéance. Elle ne voit pas l'immoralité, mais elle voit l'inutilité de la vie amoureuse : c'est de ce vide qu'elle a honte. Elle comprend que, pour se « relever » et « se remettre en sa place », il lui fallait vivre hors et au-dessus d'elle-même, racheter les égoïsmes de son cœur par du dévouement au service de tous. Qu'est-ce dire, sinon que ni les passions des sens, solitude où chaque être n'aime que sa propre chair, ni les passions du cœur, prison où deux êtres s'enferment pour être l'un à l'autre, ne sont tout le bonheur, et que briser cette prison, sortir de cette solitude pour vivre de la vie générale, travailler d'un effort désintéressé au bien commun, est des bonheurs le plus durable, le moins décevant, le plus nécessaire? Qu'est cette intelligence du bonheur, sinon la supériorité du devoir sur le plaisir reconnue par une voluptueuse?

VIII

Ces *mémoires* de femme commencent par une philosophie de la Révolution française. Ils décrivent le cycle des causes et des conséquences qui devaient, après moins de vingt-deux ans, ramener sur le trône la famille chassée pour jamais. Ils offrent la grande aventure d'un peuple aux curiosités qui attendent les petites aventures d'une vie. La trace d'un pas léger s'efface d'elle-même sur le sable soulevé par la tempête : c'est dans cette tempête qu'Aimée de Coigny s'abrite contre les regards.

L'oubli de soi apparaît d'ailleurs, en ces pages, sous une forme plus sincère, plus désintéressée, plus méritoire. Nos guerres civiles avaient atteint la fortune, détruit les privilèges, pris la liberté, menacé la vie de cette femme. Quels prétextes et quelles excuses de se souvenir à travers ses ressentiments! Or, elle ne songe pas à ce qu'elle a souffert de la Révolution; elle songe à ce que la France souffrait de l'ancien régime. « Une

nation spirituelle, éclairée, n'a plus voulu se soumettre
aux caprices d'une maîtresse ou même d'un maître, elle
a refusé de payer de son travail, de ses privations et de
son sang les guerres dont le motif et l'issue lui étaient
étrangers;... elle n'a plus voulu dépendre que de lois
qui soumissent proportionnellement toutes les existences
à porter en commun le fardeau des charges publiques...
C'est pourquoi l'indulgence est entrée dans mon cœur,
et les plus coupables excès ne m'ont paru que les exagérations de la chose vraiment utile et désirée. » Non
seulement elle les excuse, elle les explique. L'hostilité
des Français contre l'ordre ancien les a « poussés à le
détruire avant de savoir celui qui leur conviendrait. La
crainte de retomber dans un état qui leur était odieux
les a fait courir à son extrémité opposée ». A son tour,
le gouvernement incapable, corrompu, cruel et anar-
chique de la populace devait finir par une réaction
d'unité, de gloire, d'ordre et de silence. Mais le dominateur qui a tout réduit en obéissance ne sait pas com-
mander à lui-même. En Napoléon, c'est le génie militaire
qui a été couronné; le souverain n'a pas voulu remettre
au fourreau l'épée du général. Les cercles de plus en plus
vastes où elle étend la conquête et la spoliation des
peuples préparent l'alliance de tous contre l'envahisseur
commun, une disproportion de forces telle que nul
génie ne la pourra combler, une revanche où chaque
nation dépouillée exercera à son tour ses représailles
sur la terre de France : le démembrement de la patrie

est au terme de ses victoires. Donc, non seulement les maux que la France espérait guérir en détruisant l'ancien régime durent toujours; ils se sont aggravés au point de compromettre, outre les droits individuels, l'existence nationale, et la réforme voulue en 1789 reste plus que jamais inaccomplie et nécessaire.

Ces considérations préparent à ne pas s'étonner si, contre le géant Goliath, une petite pierre se glisse dans la fronde d'un David obscur; à ne pas sourire, lorsque, à l'heure où Napoléon achevait par l'invasion de la Russie la conquête du continent, commence le récit de la guerre déclarée par M. de Boisgelin à Napoléon.

« Au train dont vont les choses, me dit un jour M. de Boisgelin, le monde va pencher sur nous et qu'est-ce qui nous soutiendra? Que ferons-nous du héros vaincu? Et, supposé que la France, dans laquelle vous et moi sommes nés, soit, par la suite, la seule qui nous reste, que feront les Français de leurs habitudes de millionnaires, une fois rentrés dans leur petit patrimoine? Cet homme, pour qui nos moindres frontières sont le cours du Rhin et les Alpes, n'aura plus la place pour signer « Empereur des Français ». Cela dépassera notre territoire; nous n'en aurons plus assez pour porter l'ex-maître du monde... dépouillé, bien que restant maître du pays qui faisait l'orgueil de Louis XIV. — Eh bien! lui dis-je, il ne faut plus le garder pour maître; renonçons à lui et à l'Empire. — Il ne peut être ici question d'un Président,

ni de Congrès comme aux États-Unis... Toutes les utopies qui noircissent le papier chez nous et qui ont rougi
les places publiques pouvaient s'essayer là, sans inconvénient, où l'espace est immense, le peuple peu nombreux, jeune, uni, où l'intérêt commun n'est divisé ni
par les amours-propres, ni par les souvenirs. Ici, il faut
un gouvernement protecteur des intérêts de tous, où
les lois posent les limites des pouvoirs, et dont la forme
soit monarchique, les rangs distincts. Il faut un gouvernement où la discussion soit confiée à deux Chambres
qui consentent l'impôt ; que la représentation repose
sur la propriété ; et que cette propriété, plus considérable dans la Chambre des pairs, assure l'indépendance
de ses membres, dont les titres et les droits doivent
être héréditaires. Qu'on parte de partout à toute heure,
j'y consens, pour arriver à ce grand but ; mais que la
carrière qui y conduit soit marquée par de grands services, et par une grande fortune, qui rend bien plus
sûrement indépendant toute sa vie que le plus noble
caractère, sujet peut-être à des faiblesses. Dans ce gouvernement, dont la liberté doit être le résultat, on
établira un trône héréditaire où sera placée une famille
qu'on a eu l'habitude de voir dans l'exercice de la
suprême puissance, afin que le respect dont elle sera
l'objet ne soit pas dérisoire et que tout ambitieux qui
se sent de l'audace et du talent ne nourrisse point l'espoir de s'emparer de cette première place. — Vous
abandonnez donc, lui dis-je, toute idée de régence ? —

Je ne l'ai jamais eue, me répondit-il. Ce serait Napoléon le Petit substitué à Napoléon le Grand. »

Dès 1812, un royaliste disait le mot que Victor Hugo
crut trouver en 1852, et donnait contre « le règne d'un
enfant de deux ans » la raison décisive. Napoléon fût-il
écarté, si l'Empire est maintenu l'influence passe à une
féodalité de grands vassaux, hommes de guerre, d'administration ou de cour, dotés en revenus ou domaines
étrangers, et qui, sous le nom d'un enfant, régneraient
en France.

« Ces personnes, qui tiennent leurs titres de la victoire et dont les services sont fondés sur les grandes
aventures des batailles, craignent de reculer dans leur
position particulière à chaque déroute, comme ils ont
avancé à chaque triomphe ; car nos grands, que la
défaite ruine et menace de ridicules métamorphoses,
espèces d'êtres fantastiques dont le pied est paysan
français et la tête comte, duc ou roi étranger, frémissent
à l'idée de toucher le sol natal, comme si, par cette
pression, le prestige de leur grandeur devait s'évanouir.
Quel est celui qui, en entrant dans l'enceinte de la vieille
France, pourrait s'écrier : — Rien n'est perdu de ce qui
nous appartient, nos lois nous restent, nous sommes
tous chez nous et Français ? Joachim le roi de Naples
revient en France, mais c'est Murat l'aubergiste ; peut-
être même le prince de Suède, mais c'est Bernadotte le

soldat ; le prince de Wagram, les ducs de Dantzig, de Bassano, mais c'est Berthier l'ingénieur, Lefebvre le soldat aux gardes, Maret le commis. Ils voudront ravoir ce qu'ils nomment le patrimoine de leurs enfants, et, comme il est situé chez l'étranger, ils ruineront la France en efforts pour l'acquérir. — Peut-être ces considérations-là, lui dis-je, pourront-elles décider à appeler M. le Duc d'Orléans... Quand une fois j'eus dit cette parole, étonnée du chemin que j'avais fait, j'ajoutai : — Eh bien ! trouvez-vous que je vous cède assez ? — Non certes, me dit-il, vous embrouillez toutes les questions et vous faites de la révolution. Vous prenez un roi électif dans la famille du roi légitime et vous introduisez la turbulence dans ce qui est destiné à établir le repos. Monsieur, frère du roi Louis XVI, est une chose : c'est une partie de la forme du gouvernement dont la légitimité est une des bases ; mais M. le Duc d'Orléans n'est qu'un homme, qui ne mérite pas le trône par ses services personnels et qu'on n'y placerait qu'en mémoire des crimes de son père. — Mais enfin, repris-je avec impatience, il ne faut cependant pas nous dissimuler que le Roi que vous demandez, afin de terminer les mouvements révolutionnaires, est si blessé par la Révolution, tellement maltraité par elle, qu'il doit l'avoir en horreur, et les malheureux émigrés qui l'entourent, s'ils ont la puissance, voudront retourner la roue révolutionnaire dans l'autre sens, et, écrasant en toute justice et en conscience ceux qui ont écrasé, ils détruiront la race vivante. Est-ce comme cela que vous entendez le repos et la paix?... — Mon Dieu, me dit M. de Boisgelin, que vous raisonnez mal! Ce que vous dites aurait quelque apparence si, dans un moment de repentir et d'élan, le peuple français en larmes se prosternait aux pieds d'un roi Bourbon pour lui rendre sa couronne en se mettant à sa merci. Je ne répondrais point alors de la cruauté de ses vengeances, parce que je ne me fais garant ni de sa générosité, ni de sa force. Mais je ne parle que d'une combinaison d'idées dans laquelle la légitimité entrerait comme le gage du repos public, et d'une forme de gouvernement où le trône, ayant une place assignée, légale et précise, se trouverait partie nécessaire du tout, mais serait loin d'être le tout. Je demande que la représentation française se compose de deux Chambres et du trône, et que sur ce trône, au lieu d'un soldat turbulent ou d'un homme de mérite aux pieds duquel, comme vous l'avez bien observé, notre nation, idolâtre des qualités personnelles, se prosternerait, je demande, dis-je, qu'on place le gros Monsieur, puis M. le Comte d'Artois, ensuite ses enfants et tous ceux de sa race par ordre de primogéniture : attendu que je ne connais rien qui prête moins à l'enthousiasme et qui ressemble plus à l'ordre numérique que l'ordre de naissance, et conserve davantage le respect pour les lois, que l'amour pour le monarque finit toujours par ébranler ».

« Je veux du nouveau », concluait plaisamment le
défenseur du droit historique, et c'était en effet du nouveau que ce royalisme où il y avait tant de confiance
dans la monarchie et si peu dans le monarque. Les
problèmes de gouvernement ne préoccupaient qu'un
fort petit nombre de royalistes. Ce n'était pas la moins
funeste conséquence de la royauté absolue que d'avoir
désappris à la noblesse, autrefois si hardie, le courage
intellectuel, comme si le souci de l'intérêt public eût
été une usurpation sur le droit du prince. Le zèle ne
brûlait plus qu'en encens. M. de Boisgelin voulut se
concerter avec les principaux du parti : « MM. Édouard
de Fitz-James et Mathieu de Montmorency désiraient
comme lui revoir les Bourbons en France, mais avaient
moins combiné les moyens de les maintenir. » La plupart des gentilshommes réduisaient leur rôle à ramener
le Roi. Comme le Roi était oublié de la France, comme
ils n'avaient, sous un gouvernement de haute police,
aucun moyen de gagner l'opinion, comme enfin le
consentement du peuple n'eût rien ajouté au droit du
souverain, ils comptaient sur eux seuls pour rétablir
leur maître. Toute leur politique était d'épier l'occasion, et tout leur espoir était de dissimuler, à la faveur
d'une surprise, leur petit nombre par leur énergie. Ils
s'étaient, pour cette action, organisés çà et là par petits
groupes, et vérifiaient de temps à autre les amorces de
leurs pistolets. Leurs relations de parenté et d'amitié
facilitaient leur recrutement et leurs mots d'ordre,

l'honneur les protégeait contre les trahisons, une discipline acceptée pour le combat satisfaisait leur goût traditionnel des armes, le complot amusait d'un mystère héroïque l'oisiveté de leur vie, et sans les beaucoup exposer, puisque leur devoir était d'attendre le signal de princes prudents. La certitude qu'une armée de volontaires fût prête à se lever sur un signe faisait goûter aux prétendants jusque dans l'exil la joie du pouvoir, et l'hommage d'une confiance qui s'en remettait de tout à eux les rassurait pour l'avenir. Les princes préfèrent les sujets qui obéissent à ceux qui pensent.

M. de Boisgelin, après s'être enquis de cette organisation, « des forces qu'on en pourrait tirer, après avoir reconnu qu'il n'existait ni plan, ni chef », vit clairement combien peu la royauté avait à espérer des royalistes. Aucune voie de retour ne s'ouvrirait pour les Bourbons, ni pour la liberté légale, avant le jour où une partie des serviteurs jusque-là fidèles à l'Empire apporteraient à la cause royale leur expérience du sentiment national et leur lassitude du despotisme. M. de Boisgelin prévit ce concours, et chercha l'homme de qui il fallait d'abord l'obtenir. Dès 1811, il mit son espoir dans la défection du prince de Bénévent, devina dans le grand dignitaire de l'Empire le restaurateur de la royauté, consentit que l'évêque marié bénît les secondes noces de la monarchie très chrétienne et de la France, Et, s'il avait mis tant de soin à convaincre madame de Coigny, c'était pour atteindre, par elle, M. de Talleyrand.

X

M. de Talleyrand, soit qu'il n'eût pas pu, soit qu'il
n'eût pas voulu rester en faveur, était alors en disgrâce,
et rendu, par la dispense de servir, à la liberté de juger.
S'il avait dit que la parole est donnée à l'homme pour
déguiser sa pensée, il prouvait que, pour faire connaître sa pensée, le silence suffit à l'homme. Son mu-
tisme donnait l'impression que, seul peut-être des
ouvriers employés par le maître, il osait voir les erreurs
du génie. Ce n'est pas dans le caractère qu'était sa
fermeté, mais dans son intelligence. Les prodiges de
nos armes avaient déconcerté sans le détruire son
instinct de la mesure, son goût des succès raisonnables:
il n'avait pas cessé de désirer pour la France une pri-
mauté compatible avec l'équilibre et l'indépendance de
l'Europe. Habitué à servir tous les gouvernements, à les
quitter à l'heure où ils menaçaient ruine, grandi par la
disgrâce comme s'il eût prévu tous les malheurs auxquels il n'avait pas été admis à collaborer, il semblait
le plus prêt à désespérer de l'Empire, le plus apte à
grouper un parti par ses relations et son habileté, le
plus persuasif par son seul exemple. Car les hommes
connus pour leur fidélité au succès apportent une

grande force aux causes qu'ils adoptent : on les suit de
confiance et, ainsi, en même temps qu'ils pressentent
la fortune, ils la décident.

Madame de Coigny était assez liée avec M. de Talleyrand pour que ses visites semblassent naturelles : cet
ambassadeur féminin trouvait son immunité dans son
sexe, qui lui permettait des audaces, des indiscrétions
et des retraites interdites à un homme. Elle commença
ses reconnaissances durant l'été de 1812, tandis que la
Grande Armée s'avançait en Russie. Elle n'a pas de peine
à obtenir que le Prince « en tête à tête », s'exprime avec
sévérité de l'Empereur. « Cherchant à tirer parti pour
notre projet de l'intimité qui existait entre moi et M. de
Talleyrand, j'allais, comme je l'ai dit ci-dessus, passer
seule avec lui le matin une heure ou deux, mais je
n'osais parler d'avenir. Souvent, après m'avoir montré
en homme d'État les maux que l'Empereur causait à la
France, je m'écriais : — Mais, monsieur, en savez-vous
le remède? pouvez-vous le trouver? existe-t-il?... Il
n'écoutait point ma question ou éludait d'y répondre. »
Il ne répondait pas, parce qu'il interrogeait lui-même.
Tandis que ce gazouillement politique de jolies lèvres
murmurait près de lui, il prêtait l'oreille au bruit d'armées qui faisait trembler la terre à l'Orient. Certain
que la lutte devait se terminer par l'écrasement de
« l'Homme » sous la masse de l'Europe, mais aussi que
le génie pouvait suspendre le cours logique des choses,
il ne voulait pas se trouver, par son hostilité, en avance

sur les revers de l'Empereur. Un jour enfin, il se déclare : c'est à l'éloquence de deux faits qu'il se rend. La conspiration de Mallet et la retraite de la Grande Armée prouvent que le maître n'est invulnérable, ni au dehors, ni au dedans.

« Il faut le détruire, dit Talleyrand, n'importe le moyen ! — C'est bien mon avis, lui répondis-je vivement. — Cet homme-ci, continua-t-il, ne vaut plus rien pour le genre de bien qu'il pouvait faire, son temps de force contre la Révolution est passé, les idées dont il pouvait seul distraire sont affaiblies, elles n'ont plus de danger, et il serait fatal qu'elles s'éteignissent. Il a détruit l'égalité, c'est bon ; mais il faut que la liberté nous reste, il nous faut des lois : avec lui, c'est impossible. Voici le moment de le renverser. Vous connaissez de vieux serviteurs de cette liberté, Garat, quelques autres ; moi, je pourrai atteindre Sieyès, j'ai des moyens pour cela. Il faut ranimer dans leur esprit les pensées de leur jeunesse, c'est une puissance. Leur amour pour la liberté peut renaître. — L'espérez-vous ? lui dis-je. — Pas beaucoup, répond-il ; mais il faut le tenter. »

Tout à coup Napoléon « saute de sa chaise de poste sur son trône », et l'on apprend son retour imprévu aux Tuileries.

> Grenouilles aussitôt de rentrer dans les ondes,
> Grenouilles de gagner leurs retraites profondes.

Lui revenu, ce sont maintenant les revers qui semblent lointains : il demande des armées, la France les donne, déjà il les organise, et sa présence ôte aux Français les plus déterminés la veille l'espoir de résister. Madame de Coigny et M. de Boisgelin quittent Paris pour trois mois et, durant la campagne de 1813, M. de Boisgelin ne confie son plan qu'à une personne, il est vrai la plus considérable et la plus nécessaire à gagner. Il rédige en forme de lettre un Mémoire pour le Roi, expose « les chances de retour que pourrait avoir la famille des Bourbons, si elle entrait dans la volonté du siècle, en substituant présentement la forme monarchique constitutionnelle au sceptre absolu qu'avaient porté ses ancêtres... Les détails donnés étaient positifs, et le Mémoire un vrai chef-d'œuvre de clarté, de patriotisme et de courage. » La lettre sera envoyée lorsqu'on la pourra dater d'une défaite décisive pour « l'usurpateur », et que la chance d'un avènement prochain rendra utiles à Monsieur les sacrifices de principes.

Cependant, après quelques succès stériles, la retraite de nos armées se continuait de Russie en Allemagne. Napoléon n'était plus seulement vaincu par la nature, mais par les hommes. Il reculait, dans cette voie douloureuse suivi, bientôt précédé par les défections, et se trouvait seul contre toute l'Europe, quand il dut s'ouvrir, par le combat de Hanau, la France où l'invasion le poursuit. Ces malheurs avaient rendu la parole au Corps législatif. Il ne refusait pas des soldats, mais réclamait des garanties pour le repos à venir. Le mot de liberté, soufflé tout bas par Talleyrand vers la fin de 1812, était, avant la fin de 1813, dit tout haut par la Chambre à l'Empereur même. Et, quand il quitta Paris pour commencer la campagne de 1814, madame de Coigny recommença ses visites à M. de Talleyrand.

« Tout Paris venait le voir en secret et en tête à tête. Chaque personne qui sortait, rencontrant celle qui entrait, semblait dire : Je vous ai devancé, c'est moi qui l'ai pour chef.

» Après nous être entretenus du malheur des temps, du progrès des ennemis en France, je lui dis que ce que je craignais le plus était de voir la paix conclue au milieu de ce désordre et de rentrer sous le sceptre d'un guerrier battu. — Mais il ne faut pas y rester, me dit-il. — A la bonne heure! lui répondis-je, mais que faire? — N'avons-nous pas son fils? reprit-il. — Pas autre chose? m'écriai-je. — Il ne peut être question que de la régence, me dit-il en baissant les yeux et du ton grave qu'il affecte quand il ne veut pas être contrarié... J'osai le contrarier, car le temps était précieux. »

Plusieurs entretiens suivent où, d'arguments en arguments, le prince passe par les mêmes étapes qu'elle avait parcourues elle-même, se rabat de la régence sur le compromis orléaniste; où elle, répétant M. de Boisgelin, montre l'erreur soit de laisser le pouvoir si près du dominateur insatiable, soit de préférer, si l'on restaure la royauté, une branche gourmande au tronc séculaire ; où l'homme d'État propose les remèdes de bonne femme, où la femme le ramène à la cure efficace de la Révolution.

« Enfin, un jour, il se leva, fut à la porte de son cabinet de tableaux, et après s'être assuré qu'elle était fermée, il revint à moi levant les bras en me disant : — Madame de Coigny, je veux bien du Roi, mais... Je ne lui laissai point motiver son *mais* et, lui sautant au cou, je lui dis : — Eh bien ! monsieur de Talleyrand, vous sauvez la liberté de notre pauvre pays en lui donnant le seul moyen pour lui d'être heureux avec un gros roi faible qui sera bien forcé de donner et d'exécuter de bonnes lois... Il rit de mon genre d'enthousiasme, puis il me dit : — Oui je le veux bien, mais il faut vous faire connaître comment je suis avec cette famille-là. Je m'accommoderais encore assez bien avec M. le Comte d'Artois, parce qu'il y a quelque chose entre lui et moi qui lui expliquerait beaucoup de ma conduite. Mais son frère ne me connaît pas du tout : je ne veux pas, je vous l'avoue, au lieu d'un remerciement, m'exposer à un pardon ou avoir à me justifier. Je n'ai aucun moyen d'aboutir à lui et... — J'en ai, lui dis-je en l'interrompant. M. de Boisgelin est en correspondance avec lui et, dans ce moment, il a une lettre prête à lui être envoyée.

Voulez-vous la voir ? — Oui, certes, venez demain
me l'apporter, je meurs d'envie de la lire, me répondit-il assez vivement.

» Je ne puis encore me rappeler sans émotion le
plaisir que j'éprouvai au moment où je crus voir
l'accomplissement du vœu le plus vif et le plus pur que
j'aie jamais formé. Je me rendis rapidement chez moi,
où **M.** de Boisgelin m'attendait, et je lui criai en
entrant : « Il est à nous, il veut lire votre lettre au Roi. »
Rien n'égala le transport de joie de Bruno.

» Nous nous mîmes à copier la lettre en soignant très
fort le paragraphe dans lequel il était question de M. de
Talleyrand. L'explication abrégée, quoique générale, de
sa conduite, sa haute position politique et l'impossibilité
que, sans lui, le Roi pût jamais parvenir au trône, tout
cela fut tracé d'une main assez habile. Le lendemain, je
me rendis rue Saint-Florentin, avec mon papier dans
mon sac. A peine fus-je entrée dans la chambre à
coucher que, fermant la porte avec précaution, M. de
Talleyrand me dit : « Asseyez-vous là, et lisons. » Il prit
la lettre et, d'une voix basse, mais intelligible, il commença à lire très lentement. A mesure qu'il avançait, il
disait en s'interrompant : « C'est cela : à merveille !
C'est parfait ! C'est expliqué admirablement ! » Enfin,
quand il en vint au paragraphe qui le regardait, il eut
un mouvement très marqué de satisfaction et le relut
encore. Lorsqu'il eut achevé toute sa lecture, il la
recommença plus lentement, pesant et approuvant tous

les termes ; ensuite il me dit : — Je veux garder cela et le *serrer*. — Mais cela va vous compromettre inutilement. — Bah ! me répondit-il, j'ai tant de motifs de suspicion, celui-là me plaît... J'exigeai cependant qu'il le brûlât, et, allumant une bougie à un reste de feu presque éteint qui était dans l'âtre, il tortilla le papier en l'approchant de la bougie, le jeta enflammé dans la cheminée et croisa dessus la pelle et la pincette pour empêcher que les cendres ne s'envolassent par le tuyau. « On n'apprend qu'avec un homme d'État, lui dis-je, à anéantir un secret bien secrètement. »

» Après cette petite opération, M. de Talleyrand se retourna de mon côté et me dit : — Eh bien ! je suis tout à fait pour cette affaire-ci, et, dès ce moment, vous pouvez m'en regarder. Que M. de Boisgelin entretienne cette correspondance, et, nous, travaillons à délivrer le pays de ce furieux ! Moi, j'ai des moyens de savoir assez exactement ce qu'il fait. J'ai avec Caulaincourt un chiffre et un signe convenus, par lesquels il m'avertira, par exemple, si l'Empereur accepte ou non des propositions de paix. Il faut parler hautement de ses torts, de son manque de foi à tous les engagements qu'il avait pris pour régner sur les Français. On ne doit pas craindre de prononcer encore les mots *nation, droits du peuple* ; il s'agit de marcher, et l'expérience a resserré en de justes bornes l'expression de ces mots-là... Je revins chez moi enchantée et jamais M. de Boisgelin n'a goûté une joie plus pure. »

Talleyrand, qu'ils croient lié, a seulement ajouté un fil à l'entrelacement des combinaisons qui aboutissent à sa main attentive et encore immobile : il lui suffit d'être rattaché à tout ce qui devient possible. Vous rappelez-vous, dans *Guerre et Paix*, Kutusow? Il est à Borodino : de tous côtés lui parviennent les nouvelles, partout on demande ses instructions, ses secours, sa présence. Lui ne décide, ni n'apparaît, ni ne se meut. Il laisse mûrir la bataille. Tandis qu'on attend ses ordres, il attend les ordres de la fortune, il sait n'être que le premier lieutenant de l'occasion. Et, alors seulement qu'elle apparaît et commande, cet entraîneur d'hommes les mène où il la suit. De même Talleyrand, pour se décider lui-même, veut connaître les desseins définitifs des souverains, qui ne sont pas d'accord entre eux, et de Napoléon, qui tantôt résigné à traiter, tantôt ardent à combattre, ne semble pas d'accord avec lui-même. Le Congrès de Châtillon apporta cette clarté décisive. L'entente de l'Europe s'était formée : pour obtenir la paix, la France devait reculer jusqu'à ses frontières de 1789. Si un Français ne pouvait anéantir, par son consentement à une telle paix, toutes les conquêtes de la Révolution, c'était le chef couronné de cette révolution, et couronné par ses victoires. Son incapacité à rien retenir, non seulement des royaumes rattachés par lui contre la nature à la France, mais des frontières naturelles gagnées par les généraux de la République sur l'Europe provocatrice, deviendrait-elle le titre de Napoléon à régner sur le vieux sol acquis par l'ancienne royauté? Une telle paix, Napoléon l'avait dit lui-même, ne pouvait être signée que par la famille absente de l'histoire depuis 1789, par les Bourbons. Lui devait vaincre ou disparaître. Talleyrand juge l'avenir fixé. Il ne se contente plus de recevoir madame de Coigny, il se rend chez elle.

« Un jour M. de Talleyrand vint me voir et me dit : — Il serait nécessaire d'arranger tout ceci d'une manière noble et sérieuse. Bonaparte vient encore de refuser la paix à Montereau. Son petit succès lui tourne la tête, et il parle de retourner à Vienne. Si la paix qu'on est encore décidé à offrir à Napoléon se fait, tout est perdu. Il faut que, lorsque le Sénat s'assemblera, il nous tire d'affaire... Voici ce que, par son droit naturel de conservateur des lois fondamentales, il peut faire. Qu'un de ses membres monte à la tribune pour dénoncer Napoléon, en disant qu'ayant été élu Empereur aux conditions qu'il n'a pas tenues, le contrat est annulé et il est déclaré perturbateur du repos public et mis hors la loi. Que le Sénat, ensuite, se constitue en assemblée nationale; qu'il envoie aux députés l'ordre de s'assembler et de délibérer, et, reconnaissant leur mandat comme suffisant, qu'ils déclarent la France monarchie constitutionnelle avec trois ou quatre lois bien faites qui indiquent clairement les libertés du peuple et prendront le nom de charte ou de lois constitution-

nelles, comme on voudra. Alors qu'il appelle le frère
de Louis XVII sur le trône et qu'il fasse adhérer le
peuple à ce vœu en faisant ouvrir des registres où
chaque citoyen sera invité à écrire son nom ; qu'il
fasse un appel aux armées et qu'il envoie une députation aux princes coalisés pour leur faire part de cet
événement en les invitant à repasser le Rhin pour
commencer là les préliminaires de la paix. Voyez
Garat, ajouta-t-il, il y a là de quoi remuer une âme
patriotique et faire les plus belles phrases du monde
sans danger, c'est là ce qu'il faut répéter souvent.
Cette persuasion peut encore faire des héros. Qu'on
voie Lambrecht, Lenoir, Laroche, je ne sais qui, ces
patriarches de révolution qui savaient si bien démolir les trônes avec les mots de *patrie, tyrannie, liberté*.
S'ils les prononcent, nous sommes sauvés. Je vais
faire, de mon côté, ce que je pourrai pour leur faire
sentir qu'en s'y prenant ainsi ils passent un véritable
contrat entre le monarque et le peuple. »

Par la collaboration de nos malheurs éclatants et
de son activité invisible, le plan qu'il traçait à la
fin de février devenait de l'histoire au commencement
d'avril.

12

X

Que la parole ardente d'une femme à un politique incertain encore ait, comme le premier souffle du vent sur la
voile pendante, vaincu l'inertie et orienté le scepticisme
de Talleyrand, par suite décidé de la Restauration, telle
est la plus nouvelle des anecdotes racontées par ces Souvenirs. C'est afin d'établir ce fait qu'ils ont été composés,
et c'est la précision du détail qui donne un intérêt à
leur témoignage. L'origine minuscule qu'ils attribuent
à un grand événement n'est pas un motif de les suspecter. Car, s'il y a une logique des affaires humaines, si la
philosophie de l'histoire découvre leurs enchaînements
et admire dans l'ensemble des faits leur suite raisonnable, une exacte proportion n'existe pas entre chacune
des circonstances qui se succèdent. L'histoire est ordre,
parce que rien d'important et de durable ne modifie
l'existence des sociétés sans être justifié en raison.
L'usage que les hommes font de leur libre arbitre entraîne
des conséquences nécessaires, et elles s'imposent à eux
malgré eux : c'est cette loi de morale et d'équité qu'on
appelle la force des choses, quand on ne la veut pas nommer la force de Dieu. Mais cette force qui domine le
monde ne s'y établit pas d'elle-même et toute seule.

Pour ouvrir passage aux conséquences les plus inévitables et les plus prêtes il faut des incidents, gestes de l'homme, et ils peuvent être capricieux, imprévus, illogiques, légers, infimes, comme lui-même. Il met ainsi la marque de son inconsistance dans l'œuvre d'ordre à laquelle il collabore. Si bien qu'à examiner pourquoi les choses se suivent, on satisfait la raison, et qu'à voir comment elles surviennent, on la déconcerte. Le monde paraît obéir à des lois promulguées par des hasards.

Napoléon, pour avoir vaincu trop de peuples, doit périr sous leurs forces coalisées, et, comme il représente le droit de la Révolution, sa chute fera la place aux représentants du droit traditionnel : ces conséquences préparées de loin, qui en 1814 sont prêtes, voilà la part de la justice et de la morale. Dès que, nécessaires, elles frappent à la porte de l'histoire, le moindre incident la leur ouvrira, fût-ce par les mains les plus indifférentes à la morale et à la justice. Et le retour de la monarchie très chrétienne a pu avoir pour occasion la rencontre d'une femme qu'un amour illégitime a acquise au gouvernement légitime, avec un évêque passé à l'incrédulité, un noble passé à la Révolution, un républicain passé à l'Empire et qui voit avantage à se contredire une fois de plus : voilà la collaboration de l'infirmité humaine aux actes nécessaires de l'histoire.

De cette infirmité les *Mémoires* apportent une autre et plus importante preuve. S'ils ont une valeur historique, c'est de bien mettre en lumière les desseins des hommes qui préparèrent la Restauration. Les conversations de Boisgelin et de Talleyrand sont comme les confidences des deux partis qui se coalisèrent pour ramener Louis XVIII. C'est pour supprimer le despotisme qu'ils songent à rétablir la royauté : voilà la pensée commune aux royalistes fidèles et aux révolutionnaires lassés. Napoléon les a dégoûtés des grands princes. Il obsède la pensée de tous les Français qui travaillent à se passer de lui : c'est contre lui qu'ils se défendent encore par leurs précautions contre ses successeurs, c'est à la vie dévorante d'un génie omnipotent qu'ils ne veulent plus livrer les droits de tous et la paix du monde. Aussi s'accordent-ils à comprendre que, pour rendre à la nation ses droits, il ne suffit pas de rétablir le pouvoir royal, il faut le transformer. Car Napoléon n'a fait que recueillir et parfaire, avec sa plénitude d'autorité, les prérogatives conquises par les rois sous l'ancien régime, et c'est un Bourbon qui a dit le premier : « L'État, c'est moi. » L'ancien régime avait fini par porter tout entier sur deux certitudes : que l'ordre dans la société est l'exercice de toute l'autorité par un seul pouvoir, et que ce pouvoir appartient au roi.

Si les réformateurs, fils d'un siècle qui se prétendait philosophe, se fussent fait une philosophie de l'autorité, voici ce qu'ils auraient vu. La plus haute, la plus étendue, la plus nécessaire des autorités est la morale, qui, donnant des certitudes sur le bien et le mal, donne des lois à la vie privée et à la vie publique : or, la morale ne serait ni immuable, ni commune à toutes les nations, ni supérieure aux plus élevés de ceux qui gouvernent, si elle dépendait d'un pouvoir humain. La morale doit avoir pour sanction une justice distributive qui empêche les méchants de troubler la paix des bons et l'effort de la société vers sa destinée : la justice ne saurait être aux caprices d'un homme, car, s'il commande contre la morale, l'obéissance détruirait la justice même. Le savoir qui associe l'homme à la vie générale et, par la connaissance du passé et du présent, amasse, pour le durable profit de l'avenir, les leçons des faits fugitifs n'a pas moins besoin d'indépendance, car il est la vérité : et que deviendrait une vérité soumise aux passions de ses justiciables ? Si la morale, la justice, la science sont les premiers et universels souverains de toute société, dans aucune société les intérèts, même ceux que la volonté humaine a droit d'arbitrer à son gré, ne sont tous massés, confondus, indivisibles par nation. La vie humaine s'alimente par le travail, le travail par la diversité des métiers ; et l'échange de services innombrables et quotidiens qui se nomme la civilisation a pour unique garantie le juste équilibre entre les avantages offerts à chaque profession et l'avantage assuré au public pour lequel toutes sont faites. Or, pour établir ces lois régulatrices du travail et discerner les causes de succès ou d'insuccès, si obscures, si nombreuses, si spéciales à chaque profession, qui possède compétence, sinon les hommes attachés à chacune par l'expérience, l'intérêt et l'honneur? Comme la solidarité unit les hommes à travers les distances, par la similitude des travaux, elle associe, malgré la différence des conditions, ceux qui vivent groupés par le voisinage. La commune, son nom même l'indique, forme entre ses habitants la société la plus ancienne, la plus complète, et la plus familière d'intérêts immédiats et quotidiens ; église, école, police, marchés, voirie, taxes, toutes les activités collectives de cette famille agrandie apportent à chacun de ses membres avantage ou préjudice, paix ou guerre, le touchent dans cet étroit espace par des contacts dont la douceur ou la blessure se renouvellent sans cesse. Or, qui sait le mieux les désirs et les besoins de la commune, sinon la commune? De même le cohéritage des souvenirs historiques, les analogies du climat, du sol, des travaux, des caractères, des coutumes, assemblent les communes par provinces : qui encore peut comprendre et servir le mieux chaque province, sinon elle-même? Les provinces enfin se rattachent les unes aux autres pour représenter dans le monde les idées et la force d'une race et d'une patrie communes. C'est cette unité qui avait trouvé dans le roi son gardien et son symbole. Il était la défense du sol national, la conquête du sol ennemi, la sollicitude du rang qu'un peuple doit tenir parmi les peuples, la prévoyance lointaine et l'énergie continue des mesures intérieures qui préparent la nation à son rôle dans le monde.

Loin que la royauté fût, en date, en étendue, en
importance, la première des autorités, elle venait, par
son avènement historique, la dernière, et, si les intérêts
dont elle avait charge n'étaient pas les moins élevés,
ils étaient les plus étrangers aux préoccupations habi-
tuelles des hommes et au gouvernement de leur vie
quotidienne. L'État, de par sa fonction, avait le droit
d'empêcher que les intérêts individuels, locaux ou cor-
poratifs n'oubliassent, dans l'égoïsme de leur autonomie et dans l'ardeur de leurs rivalités, l'union nécessaire de la race. Il devait par son arbitrage concilier ces
indépendances avec l'unité. Il n'avait pas plus mission
pour se substituer aux autorités particulières de chaque
groupe humain que pour se subordonner les puissances
civilisatrices de toute société. Or, non seulement la
Royauté française avait supprimé l'autonomie des
communes et des provinces, non seulement, elle avait
fini par anéantir toute indépendance corporative et fixer
seule la loi et le sort de toutes les professions, mais elle
avait, en étendant ses prises sur les Universités, sur les
Parlements et sur l'Église, prétendu à la souveraineté
sur le savoir, la justice et la morale. Cet universel
étouffement avait assuré à la royauté la toute-puissance
partout où il avait détruit la vie, mais toutes ces morts
n'avaient pu la défendre quand elle fut attaquée à son
tour. L'œuvre avait été reprise par le plus prodigieux
des hommes. Après quatorze ans, il succombait écrasé
sous le poids de la toute-puissance. Preuve tragique,

renouvelée, évidente, que les deux postulats de la monarchie absolue étaient faux, et que, pour revenir à la vérité, et par la vérité à l'ordre, il fallait briser d'abord l'universelle usurpation contenue dans l'unité du pouvoir, délivrer de la prison centrale où elles avaient été toutes jetées, et rendre à leurs places naturelles dans toute la France, des autorités multiples comme les intérêts, distinctes comme les compétences, indépendantes comme les droits.

XI

Mais un tel changement dépassait la force de pensée que les réformateurs d'alors apportaient à leur œuvre. Tous s'accordent à omettre l'essentiel. Pour l'autonomie de la commune, de la province, du travail, de la science, de la justice, de l'église, rien. Tous les intérêts continueront à être gouvernés en bloc par un mandataire universel. Toute la nouveauté se borne à changer ce mandataire. Ce ne sera plus le Roi ou l'Empereur, ce sera le Parlement qui décidera tout, au nom de la nation.

Qu'appellent-ils la nation ? Est-ce la totalité de ceux qui ont des besoins, des désirs, et par suite ont à espérer ou à craindre de l'autorité? Si les intérêts ne sont pas admis à parler chacun avec sa voix distincte et ses représentants particuliers, du moins tous les Français sont-ils admis à grossir de leurs vœux confondus cette clameur commune qui donnera à la France sa représentation unique? Et y aura-t-il quelque chance que, tous étant pour quelque chose dans l'existence du Parlement, tous soient pour quelque chose dans sa sollicitude? Non. Royalistes ou révolutionnaires, les réformateurs ont trop connu la démagogie pour ne pas refuser toute part d'autorité à la multitude. Au pouvoir de tous et au pouvoir d'un seul, ils veulent substituer le gouvernement des meilleurs.

Qui sont les meilleurs? C'est là que diffèrent l'opinion de Boisgelin et celle de Talleyrand.

Boisgelin, pour rétablir une aristocratie, songe naturellement à la noblesse, dont il est. Mais il reconnaît que, pour se servir de cette noblesse, il la faut transformer. Une aristocratie véritable est celle qui assure une influence privilégiée dans l'État aux hommes illustrés par des services rendus à l'État. La certitude de mieux exciter leur zèle en les récompensant jusque dans leur descendance, la chance incertaine, mais assez fréquente, que des vertus se transmettent avec le sang, l'avantage de confier des intérêts durables à des familles durables comme eux, expliquent l'hérédité des privilèges. Mais une aristocratie digne de ce nom, aussi soucieuse de se rajeunir que de se perpétuer, proportionne

l'influence aux services, anciens ou récents. La noblesse
française, à mesure que se réduisait son rôle dans la vie
nationale et qu'elle pouvait moins s'honorer de services
présents, était devenue plus vaine des services passés.
Elle avait de plus en plus mesuré l'honneur des familles
à leur antiquité, et, non contente d'être un corps héréditaire, avait voulu devenir un corps fermé. Tout ce
qui vit sans se renouveler dégénère, et les survivants
épuisés des vieilles races s'étaient trouvés incapables de
se défendre contre les usurpations de la royauté, incapables aussi de défendre la royauté contre la populace.
Comment subordonner une royauté qui avait fini par
être tout à une noblesse qui avait fini par n'être
rien ?

Le plus simple semblait de rajeunir l'élite par les
mêmes moyens qui l'avaient d'abord formée, d'attribuer
un privilège politique à l'exercice de certaines fonctions, aux premières dignités dans les services publics.
Mais, sous la Révolution, les plus hautes charges,
remises aux flatteurs par l'aveuglement du peuple ou
usurpées par l'audace des violents, ne prouvaient plus
le mérite ; et sous l'Empire, les plus glorieuses aptitudes aux armes, à l'administration et la science s'unis-
saient à la servilité. Une présomption moins incertaine
d'indépendance ne serait-elle pas la fortune ? Dans celui
qui l'a fondée, elle prouve une valeur personnelle, car
la source des gains durables est la continuité de l'effort
judicieux ; aux héritiers cette fortune assure une édu-

cation qui donne à leurs facultés tout leur développe-
ment. Elle prépare ainsi des collaborateurs aptes aux
affaires publiques, et qui n'ont pas besoin d'elles pour
vivre. Soit, si ces enrichis, mêlés à la noblesse de race
et fortifiant par la puissance de leurs activités les traditions du corps où ils entraient, y eussent pris seulement
la place faite à leur mérite par la confiance de leurs
pairs. Mais borner la réforme de l'État à l'avènement
d'une aristocratie parlementaire était rendre impossible
l'organisation de cette aristocratie. Dans une France où
n'a été restaurée l'autonomie d'aucun corps, comment
rétablir un corps de la noblesse et lui donner une voix
collective? Il n'y a que des individus, donc des volontés
individuelles. L'aristocratie de race et de fortune ne
saurait gouverner que par le droit politique réservé à
tout noble riche. Comment imposer à la France nouvelle
un monopole politique au profit de la naissance? M. de
Boisgelin, n'osant revendiquer le droit du noble, ne
stipulait que le privilège du riche. L'argent serait élec-
teur; plus d'argent, éligible à la députation; plus
d'argent élèverait à la pairie. M. de Boisgelin se flattait
que, grâce à la restitution de leurs biens, les nobles
seraient les premiers de ces riches. Mais, d'après ses
combinaisons, ce n'était pas de nobles, riches ou pauvres, c'était de riches, nobles ou roturiers, que serait
composé le Parlement. Aussi exclusive qu'avait été la
race, la richesse, même sans la naissance, devenait tout;
la naissance sans la richesse, rien. Et le pouvoir qu'un

aristocrate eût voulu préparer à l'aristocratie n'était donné qu'à l'argent.

Remettre le gouvernement à la richesse, et par le motif qu'elle donne l'indépendance, est d'une pauvre philosophie. La fortune rassasie-t-elle les avides d'honneurs, de pouvoir et même d'argent? elle leur fait des loisirs pour désirer davantage ce qui leur manque, des chances pour atteindre plus facilement ce qu'ils désirent, et l'ambition plie l'échine des opulents aussi bas que celle des faméliques. Une aristocratie d'argent ne valait pas même l'ancienne noblesse où, du moins, la fierté des services rendus par les ancêtres à la grandeur nationale perpétuait une éducation de générosité, une intelligence du dévouement, un culte de l'honneur. Et si, malgré ces sauvegardes, cette noblesse avait si souvent oublié, exploité, opprimé la nation qu'elle devait servir et avait si mal contenu l'usurpation royale, combien l'égoïsme était-il plus à craindre d'une oligarchie censitaire! La richesse, obtenue presque toujours grâce à l'application de toutes les facultés à l'intérêt personnel, et dans une lutte où chacun combat pour soi contre tous, ne prépare ni celui qui l'acquiert, ni ses descendants à oublier leur propre avantage, à préférer quelque chose à eux-mêmes, et, par suite, le bien public aux faveurs dont la royauté dispose. Dans une aristocratie, l'or n'est que l'alliage : il n'en faut pas trop, sinon elle devient une fausse monnaie.

La foi dans les vertus universelles de l'argent n'est

pas française et c'est de l'étranger qu'elle venait. Rien, depuis la Révolution, n'étonnait nos royalistes à l'égal de cette aristocratie anglaise qui, suppléant à la médiocrité ou la folie de ses princes, avait soutenu sans désavantage la lutte contre le génie de Napoléon. Éblouis par cette splendeur de ténacité, ils ne discernaient pas que, si l'argent donnait à cette aristocratie des forces, il la liait, elle et ses forces, à des intérêts tout matériels ; qu'elle gouvernait au dedans pour exploiter à son profit le travail de la population et les ressources du sol ; qu'elle luttait uniquement au dehors pour assurer la prépondérance du commerce britannique dans l'univers ; que cette avidité eût traité l'univers en pays conquis si elle n'avait trouvé pour rivale une ambition grande aussi comme le monde ; qu'enfin, si l'oppression était limitée au dedans, c'était par les antiques remparts de la liberté individuelle, des franchises locales, des associations volontaires, par le respect de la loi pour la coutume, c'est-à-dire par la solidité d'une structure féodale sous la nouveauté mercantile. Ils ne réfléchissaient pas que transplanter ce régime parlementaire en France où toute cette vie locale et corporative, qui est la part légitime des plus humbles à la vie collective et au gouvernement d'intérêts généraux, avait disparu, où toutes les garanties instituées par le moyen âge pour la protection des faibles avaient été détruites, où la loi avait autorité sur tout, où le gouvernement traitait en maître la loi elle-même, c'était livrer sans réserve l'avenir de la nation et le sort de chacun à une oligarchie censitaire, la plus égoïste des oligarchies. Ainsi l'Angleterre nous était également dangereuse par ses rivalités et par ses exemples.

Talleyrand poursuivait un autre dessein : rendre le pouvoir à une aristocratie d'intelligence. C'est par cette aristocratie et pour elle qu'avait commencé la Révolution française. Formés par l'enseignement classique et par la philosophie du xviiie siècle, les Constituants s'étaient faits forts de soumettre la société au droit de leur savoir qu'ils nommaient la raison. Persuadés que le citoyen finit où l'ignorant commence, ils s'étaient entendus pour dérober le pouvoir à l'inaptitude des foules, donner par leur régime électif toute l'influence à la parole qui est l'arme des intellectuels, et substituer à l'oligarchie de la naissance l'oligarchie des capacités. Talleyrand avait été, en 1789, l'un de ces novateurs. Il se sentait plus captif que privilégié de l'ancien régime, et voulait que les murs de sa prison tombassent, fût-ce par un tremblement de terre. D'ailleurs, les ambitieux jugent le meilleur le régime où ils espèrent le plus d'importance. Entre les simplicités brutales des multitudes et les affinements héréditaires de ce grand seigneur, il y avait incompréhension réciproque, tandis que tous ses dons préparaient sa puissance sur une société polie et discoureuse où l'assemblée politique serait un salon agrandi. Le salon fut presque aussitôt envahi par la rue, les sabots de la populace écrasèrent toute supériorité jusqu'au jour où Bonaparte rendit la multitude à l'inertie et l'élite intelligente à l'activité de l'administration publique. En cela était reprise, le 18 brumaire, l'œuvre de 1789. Même la Constitution de l'an VIII créait une classe gouvernementale avec une vigueur inconnue aux premiers Constituants. Eux, satisfaits de concentrer le pouvoir électoral entre les mains de la classe moyenne, se fiaient à elle pour choisir sa propre élite, et ne s'étaient pas armés contre les caprices, les négligences, les intimidations qui menaçaient de corrompre et en fait annulèrent presque aussitôt ce suffrage. En créant un Sénat pour y réunir, par le choix des consuls, les serviteurs les plus éminents de la société nouvelle ; en conférant à ce Sénat le droit de recruter lui-même ses futurs membres, les futurs consuls, et les membres du Corps législatif ; en bornant la part des citoyens français à former la liste nationale des cinq mille noms parmi lesquels le Sénat faisait librement ses choix, la Constitution de l'an VIII avait accordé à l'aristocratie révolutionnaire le privilège de se perpétuer par la seule volonté de ses chefs, de gouverner le présent et de s'assurer l'avenir. Puis, de même que la démagogie avait ruiné l'ordre voulu en 1789, l'ordre établi en l'an VIII avait été bouleversé par la dictature. Mais lorsque la dictature s'use, c'est vers cet ordre que retourne l'ancienne prédilection de Talleyrand. Quatorze années ont refait au peuple une âme d'obéissance et affermi dans une aristocratie de fonctionnaires l'habitude de manier les affaires et les hommes. Disparu le perturbateur, elle continuera à administrer, comme les administrés à obéir, et la France, ne cherchant plus sa loi dans l'arbitraire d'un maître, retrouvera sa fidélité secrètement gardée au premier amour, sa foi de 1789 à une aristocratie de l'intelligence.

Mais qu'un Bourbon ramène avec lui le droit ancien, il anéantira par la paix, son premier acte, l'œuvre de la Révolution au dehors, et par toute la suite du règne l'œuvre de la Révolution au dedans. Royauté, noblesse, église, à chaque prétention de reprendre l'ancien état, troubleront les acquéreurs de biens nationaux, les roturiers usurpateurs de charges nobles, les sceptiques émancipés du joug religieux, et des Français le plus menacé sera Talleyrand que la royauté traiterait en rebelle, la noblesse en transfuge et l'Église en apostat. Son péril personnel le rend anxieux pour la conquête essentielle de la Révolution, le droit de tout Français à obtenir, quels que soient sa naissance et son culte, une importance mesurée à ses aptitudes. Le maintien de l'aristocratie nouvelle est nécessaire à sauvegarder les intérêts qu'elle représente, et l'occasion s'offre à elle de justifier son principe oligarchique par la défense de garanties chères à tous. Plus l'ancien régime survit dans le Roi, plus il faut maintenir au pouvoir la classe qui a goûté au fruit défendu de la Révolution.

C'est à cela que Talleyrand travaille. Entre le droit

de la force qui appartient à l'Europe, et le droit de
l'histoire représenté par Louis XVIII, il glisse le droit
de la nation, et sous le nom de nation il accrédite le
Sénat et la Chambre. Si avilis soient-ils, ils représentent seuls la légalité, avec l'Empereur. Pourquoi pas
contre l'Empereur? Le trahir sera se justifier des complicités passées; offrir la couronne à un autre, s'assurer
l'avenir; le prince, en la prenant, reconnaîtra comme
mandataires de la France ceux qui se seront déclarés
pour lui. Si le vote de quelques cents sénateurs et
députés n'abolit pas les millions de suffrages qui ont
fait de Napoléon le mandataire universel du peuple
français, un autre plébiscite effacera le droit de l'Empire au profit de la royauté; et tout ennemi que soit
Talleyrand de la multitude, il veut bien qu'en se
désavouant elle-même, elle supprime un embarras. Les
Bourbons ainsi accepteront la Révolution qui les
accepte. Et comme entre elle et eux l'accord ne suppri-
mera pas les disputes de frontières, le premier rôle, à
défaut de la première place, appartiendra dans l'État
au négociateur de l'entente; il continuera à s'imposer à
la Cour par son autorité sur les parlementaires et aux
parlementaires par son influence sur la Cour.

Tout dans l'exécution du dessein fut suite, concor-
dance, habileté. Mais que valait le dessein lui-même
d'assurer le gouvernement à l'intelligence? Qu'était cette
intelligence? Celle qui, après quatre mille ans de civilisation humaine et onze siècles de gloire française, se

vantait d'être née seulement en 1789. La philosophie du
xviiiᵉ siècle, une éducation toute classique, une complète inexpérience des affaires avaient rendu les penseurs d'alors inaptes à être persuadés par autre chose
que la beauté littéraire des idées générales et par la force
logique des théories. C'est cette compréhension restreinte qu'ils crurent être toute l'intelligence et à
laquelle ils demandèrent toute leur sagesse. Cette sagesse
avait condamné et détruit tout ce qui ne se justifiait pas
au premier appel des syllogismes, institutions, coutumes, respect, foi, et sur les ruines, elle avait ouvert à
l'humanité tout entière un superbe asile de mots. Au
nom de cette sollicitude universelle, ne préparer en fait
que les privilèges d'une oligarchie avait été le premier
sophisme de cette intelligence. Elle s'était aussitôt sentie
gênée par le régime qu'elle avait inventé pour se rendre
souveraine : où toutes les affaires d'un peuple se trouvent soumises à un seul tribunal, le Parlement, chacune d'elles ne saurait être familière qu'à un petit
nombre de ceux qui la jugent, donc toutes sont décidées
par une majorité qui ne les connaît pas. Le gouvernement des capacités était le gouvernement des incom-
pétences. Cette intelligence trouvait son infériorité dans
son idéal même : aveugle au passé, mutilée du respect,
ignorante que le temps est le grand arbitre des tenta-
tives humaines, elle rêvait de découvrir d'un coup et
pour toujours la vérité sociale. Or la raison est im-
propre à ces conquêtes soudaines, précisément parce qu'à

chacun elle montre d'abord, comme l'essentiel ou le tout des choses, les apparences diverses, accessoires, fugitives, contradictoires de ces choses, qu'à personne elle ne révèle du premier regard l'ensemble permanent, les conséquences lointaines, la vérité plénière de quoi que ce soit. C'est seulement la durée de l'attention et le contrôle de l'expérience qui usent les divergences des esprits et amènent à un même jugement sur les affaires importantes l'anarchie première. C'est seulement après être devenue du sens commun que la raison devient une force sûre et le témoin décisif de l'intérêt public. Et parce que l'intellect formé par la Révolution ne consentait pas cette épreuve de la pensée par le temps, il avait perdu, avec le respect du passé, l'intelligence des forces faites pour subordonner les hommes à des intérêts collectifs et durables. Devenu au contraire une puissance d'isolement, il autorisait chaque homme à assigner à son tribunal solitaire et hâtif toutes les institutions, par suite élevait l'homme au-dessus de la société devenue sa justiciable, par suite ouvrant accès de l'orgueil à l'égoïsme, excusait chacun non seulement de préférer sa caste à la nation, mais de se préférer à sa caste et d'employer sa raison individuelle à ses intérêts particuliers. Et si c'était sauvegarder l'influence de « la bourgeoisie libérale », ce libéralisme, au lieu d'accroître dans la nation les énergies publiques et d'y servir les intérêts communs, devait aboutir seulement à défendre les opinions, les actes, les supériorités même iniques, les appétits même désordonnés de chaque homme, contre les gènes de toute discipline sociale. Voilà ce que ne prévit pas le grand habile.

Lui-même, l'arbitre le plus préparé par la leçon de ses épreuves, par l'intérêt de sa fonction, par les conseils d'une intelligence réfléchie, à vouloir un ordre durable, Louis XVIII comprend-il que, si la liberté est nécessaire et manque, ce n'est pas seulement aux deux Chambres assemblées dans la capitale pour représenter et servir les intérêts unitaires de l'État, mais aussi aux forces naturellement disséminées comme les intérêts de la société, et partout conservatrices de la vie locale, professionnelle, intellectuelle, morale? Au lieu de renouveler ces puissances pour être porté par des forces, il ne s'occupe que d'accroître aux dépens d'elles son propre pouvoir, et, où il fallait rétablir l'équilibre de la monarchie, ne cherche qu'à accroître la prépondérance de la royauté. Il écarte par orgueil de principe les habiletés de Talleyrand : il refuse la consécration d'un plébiscite qui semblerait reconnaître une souveraineté au peuple ; il tient à faire de la charte un don au lieu d'un traité. De peur d'amoindrir son droit historique, il omet de cacher sous la ratification nationale la part de l'étranger au relèvement du trône ; il crée, dès 1814, sur l'étendue de la prérogative royale une incertitude qui deviendra un conflit en 1830. De l'Empire il garde comme légitimes les nouveautés que le génie de « l'usurpateur » a ajoutées à l'ancien despotisme. Dès lors, pour

redevenir absolu, il suffit que le souverain domine
l'unique puissance opposée à la sienne, la puissance
parlementaire. Par le droit de nommer les pairs, il
s'assure la Chambre haute; par les candidatures de
fonctionnaires, il acquiert influence dans la Chambre
des députés. Comme les privilégiés n'ont songé qu'aux
privilégiés, le prince n'a songé qu'au prince.

Aussi l'histoire de la monarchie restaurée **va** se
réduire à des querelles de prééminence entre le prince
et l'oligarchie parlementaire. Celle-ci travaille au profit
d'elle-même avec le double égoïsme de la fortune et de
l'intelligence. L'organisation de l'armée, de l'enseignement, du travail, des impôts, tout est combiné pour
l'avantage d'une minorité, tout roule sur une prodi-
gieuse indifférence pour les besoins moraux et matériels
de la multitude. Et comme aucune autonomie locale,
aucune organisation corporative, aucune forme de
groupement ne mêlent cette multitude à ces privilégiés,
ne maintiennent quelque solidarité d'intérêts dans la
différence des conditions, n'adoucissent l'antagonisme
des classes par la familiarité entre les personnes, parlementaires et nation s'ignorent, et, pas plus qu'elle n'a
d'influence sur leurs actes, ils n'ont d'influence sur ses
pensées. Étrangers à elle, flottant sur elle, et rassurés,
ils ont à leur service les mêmes chaînes dont le politique
Xerxès chargeait la mer pour emprisonner les tempêtes.
Or les tempêtes étaient certaines qui soulèveraient la
force instable, aveugle et vaste. Les naufrages du régime

ont prouvé quelle faute avait été d'oublier le nombre quand on déterminait si minutieusement la part de la tradition, de l'intelligence et de l'argent. Mais, en 1814, personne, même parmi les génies précurseurs, ne prévoyait le péril, ne dénonçait l'instabilité de la base trop étroite, ne réclamait la part du peuple. Et tandis que notre sagesse contemporaine prend en pitié cet aveuglement, elle n'a plus d'yeux que pour le nombre. Adoratrice de la multitude, elle livre tout l'avenir à cette force élémentaire qui ne se dirige ni ne se connaît elle-même; elle se prépare les sévères étonnements de cet avenir pour n'avoir, en déchaînant les foules, rien réservé en faveur des élites qui représentent les intérêts permanents de la société et l'intelligence nécessaire pour la conduire. Durant tout le xixe siècle, les révolutions, plagiaires les unes des autres, se sont restreintes aux vains changements. 1814 a cherché dans le gouvernement d'une assemblée protection contre le génie d'un seul; en 1851, la crainte de l'anarchie ramène un Bonaparte; en 1871, une guerre malheureuse rétablit la souveraineté d'une assemblée. Aujourd'hui la corruption morale et l'anarchie intellectuelle du régime parlementaire ramènent les désirs vers l'accroissement du pouvoir présidentiel, un nouveau consulat, et, peu importe le nom, la prépotence d'un homme. Et, ainsi, au profit de bénéficiaires passagers, s'augmente toujours la puissance centrale qui étouffe la nation. La France se contente de changer de mal : contre celui dont elle

souffre aujourd'hui, celui dont elle souffrait hier devient
son remède. Personne n'ose penser aux moyens de
guérir. Tant il est certain que notre esprit est trop court
pour contenir toute la vérité sur rien ! tant il y a plus
de fumée que de lumière dans les plus étincelants
foyers de la pauvre raison humaine !

XII

La collaboratrice de Boisgelin et de Talleyrand juge
mieux qu'eux leur œuvre. Elle aide, mais elle doute.
A qui penserait-elle sinon à eux quand elle dit : « Les
plans entiers de bons gouvernements peuvent partir de
têtes saines et de cœurs droits ; mais leur application
est toujours funeste, parce qu'elle ne peut avoir lieu
que sur des terrains nus, c'est-à-dire après des renversements. » Le plus grand mal des révolutions lui
semble précisément qu'elles imposent à l'intelligence la
tâche d'improviser sur la ruine du passé un ordre
nouveau : elle a peur de cette faiblesse orgueilleuse où
« chaque homme compte pour rien le lien social », et
au nom de sa pensée solitaire, prépare « l'ordre quelconque d'un changement total ». Avec une pénétration
rare elle reconnaît qu'alors « les hommes cessent d'être

favorables à la société, et font servir leurs qualités
personnelles à des règles isolées qui tendraient à la
dissoudre ». Elle comprend que l'essence de la monarchie
n'est pas une hérédité de couronne dans une famille,
mais une hérédité de respects dans la conscience
nationale, une religion de la stabilité en toutes choses,
l'intelligence contraire à l'intelligence novatrice, la
défiance des réformes logiques, œuvres d'une seule
pensée et d'un seul instant, et la foi dans les institutions anciennes, bonnes par le témoignage collectif et
perpétué des générations qui les ont maintenues. Son
regret du « temps où il y a des mœurs, c'est-à-dire des
habitudes », va jusqu'à dire que « sans elles il n'y a pas
d'avenir ». Et sa certitude qu'à remplacer l'omnipotence
d'un homme par l'omnipotence d'un parlement on
change seulement de mal apparaît en ces fortes
paroles : « La tyrannie n'est pas seulement l'abus de la
puissance royale, mais de toute espèce de puissance. »

Pourquoi une femme, et une femme accoutumée à
aimer ses amis jusqu'à aimer leurs idées, a-t-elle, sur
des questions réservées d'ordinaire aux hommes, un
avis personnel et une clairvoyance supérieure à celle
des hommes? Parce qu'eux travaillent, non seulement
pour leurs convictions, mais pour leur parti, pour eux-
mêmes, pour la richesse, pour le rang, pour la faveur.
Toutes leurs passions se précipitent vers un seul moment de la monarchie ; il faut qu'elle commence. Leur
bélier ne bat que la porte à ouvrir ; l'essentiel pour eux

est de hâter l'occasion, et la hâter, c'est rendre le passage facile de ce qu'on veut détruire à ce qu'on veut inaugurer. Elle est détachée de tout parti, de toute caste, de tout intérêt personnel. Sa pensée n'est donc pas concentrée sur une seule portion de l'entreprise, mais s'étend sur l'ensemble ; elle ne tient pas pour essentiel que la monarchie commence, mais dure. Or le désintéressement est lumière.

La clairvoyance amoindrit d'ordinaire la docilité. L'une et l'autre se complètent en cette femme. Elle reçoit d'abord de ceux qu'elle aime, et par une partialité de cœur plus prompte que l'examen, des opinions de complaisance. Mais sa complaisance dès lors finie, elle applique tout l'effort de sa propre pensée à mesurer seule la portée et à prévoir l'avenir des doctrines qu'elle a acceptées. Et le même dévouement lui inspire cette contradiction. Elle croit devoir toute sa raison aux entreprises qu'elle a accueillies par tendresse, et sert deux fois leur succès, d'abord par sa soumission, puis par son indépendance. D'ordinaire, les hommes se réservent la politique comme importante, et les femmes la fuient comme ennuyeuse. La politique d'Aimée est réfléchie, prévoyante autant qu'une œuvre d'homme, mais élégante et nuancée comme une broderie de femme. Presque tout appartient à Aimée dans ses idées d'emprunt. Ses collaborateurs lui ont moins donné qu'ils n'ont reçu d'elle, ils ne voient pas si loin qu'elle ne devine, elle dit mieux qu'eux ce qu'ils pensent, et jamais M. de Boisgelin n'eut tant d'esprit que quand elle l'a fait parler.

S'il fallait à toute force dans ces pages politiques reconnaître une influence étrangère, ce serait celle d'une autre femme. Entre mesdames de Staël et de Coigny, Lemercier avait signalé des ressemblances. En effet, il arrive que les pensées de l'une se vêtent à la mode de l'autre, et la phrase d'Aimée porte parfois le turban de Corinne. Encore est-il moins régulièrement drapé, moins solennel; il se noue par un art sans recherches; il se pose même en turban à jeter par-dessus les moulins; et cet imprévu et cette négligence ont une vérité, une grâce et une intimité de pensée auxquelles la noblesse plus tendue et la toilette plus apprêtée du style n'atteignent pas.

Nos aptitudes font nos œuvres. Si Aimée possède le don de s'élever aux altitudes intellectuelles, de découvrir dans la politique les lois générales et permanentes, ces facultés laissent inactives en cette femme d'autres forces. De la vie elle a toujours cherché, plus que les leçons, le spectacle; rien ne l'intéresse comme ce qui ne dure pas, le décor mobile de la société et les personnages qui traversent la scène. Elle aime, dans la ressemblance des temps, le son divers de chaque heure, et, dans le visage commun de l'humanité, l'exception qu'est chaque homme. Et ces goûts sont sollicités et servis par ses autres aptitudes: l'acuité d'une observation toute proche et faite pour discerner les infiniment

petits, la promptitude à atteindre la fuite universelle
des choses par un regard plus rapide encore, l'instinct
des métamorphoses en lesquelles doit se changer et se
multiplier le talent pour se rendre égal à toutes ses
curiosités est naturel en chacune d'elles. Ainsi, semblable aux écoliers qui, sur les marges de leurs devoirs
se délassent à improviser des paysages et des figures,
Aimée, dans ses *Mémoires*, mêle aux pensées les portraits.

Celui de Talleyrand s'offrait trop de fois à elle pour
qu'elle se refusât à l'occasion. Non qu'une étude d'ensemble, aux vastes proportions et poussée à l'extrême
de l'ordonnance et du soin, atteste le désir de rassem-
bler en un tableau toute la physionomie du modèle.
Cette physionomie était trop multiple et contradictoire
pour être exprimée par une seule peinture. Mais toutes
les fois qu'Aimée s'occupe de lui, elle ajoute quelque
détail de caractère révélé par les circonstances. Et peut-
être, parce qu'il y a plus de vérité, y a-t-il plus d'art
dans ces touches simples qui donnent en croquis déta-
chés les traits changeants du modèle. Le premier de ces
croquis montre M. de Talleyrand chez lui, entouré de
quelques visiteurs et de ses livres, et faisant intervenir
à propos ses auteurs favoris dans ses entretiens. « Personne ne sait causer dans une bibliothèque comme
M. de Talleyrand. Il prend les livres, les quitte, les
contrarie, les lâche pour les reprendre, les interroge
comme s'ils étaient vivants, et cet exercice, en donnant

à son esprit la profondeur de l'expérience des siècles, communique aux écrits une grâce dont leurs auteurs étaient peut-être privés. » Aimée de Coigny en use avec Talleyrand comme Talleyrand avec ses livres. Elle aussi le quitte pour le reprendre, et, de rencontre en rencontre, le feuillette comme de page en page.

Et c'est bien lui qui parle quand elle le juge. On croirait entendre ce que, dans sa bibliothèque, ce maître habile devait dire de lui à ses visiteurs, et, dans les *Mémoires*, il ressemble sinon à ce qu'il fut, du moins à ce qu'il voulait paraître. Elle a la coquetterie de le montrer beau : leurs délicatesses de races s'attirent, surtout leurs faiblesses morales sont complices. Tous deux, attachés à des devoirs perpétuels, lui de prêtre, elle d'épouse, ont rompu leur ban. Elle lui sait gré de cette ressemblance, et par un zèle de réhabilitation où elle semble ne pas songer à lui seul, elle l'honore surtout d'avoir brisé le lien inviolable, et soutient que l'abjuration est le centre, l'essentiel, la fécondité de cette carrière. « Son talent, son esprit le poussaient aux premiers emplois. » Or, pour se faire accepter de la Révolution, il fallait d'abord se donner à elle et par une participation aux pires excès. Lui, sans payer le terrible gage et par une satisfaction que son scepticisme avait droit de donner sans honte à l'impiété, acquit « le droit de dire *nous* aux faiseurs de révolutions ». Qu'a-t-il fait? « Uniquement occupé d'apaiser les violences, il tâchait de faire verser le plus doucement possible à chaque

chute. » S'il adhéra à Bonaparte, c'est dans l'espoir
« qu'un pouvoir militaire ferait sortir le peuple des
habitudes d'insubordination et l'accoutumerait à l'obéissance aux lois par le respect pour la discipline ». S'il se
détacha de l'Empereur, « c'est quand les leçons d'obéissance profitèrent plus qu'il ne voulait » et quand l'Empire « engloutissant le monde » prépara sa propre fin ;
c'est « pour sa résistance à l'invasion de l'Espagne »
qu'il perdit la faveur de l'Empereur ; c'est pour avoir
préféré la France à un homme qu'il a été « en butte à la
malveillance, épié jusque dans la chambre la plus intime
de sa maison ». Le maître aurait hésité « entre le désir
de le perdre et la crainte d'avoir l'air de le croire trop
considérable en s'en défaisant. C'est à cette hésitation
que M. de Talleyrand doit la vie. » Il a donc pu sans in-
gratitude travailler par la ruine de l'Empire au triomphe
de la paix et des lois. Ainsi les souples contradictions
de la conduite ne prouvent que la constance de la volonté. Talleyrand n'avait que le choix d'accepter certaines complicités avec le mal pour limiter le mal, ou,
pour fuir tout contact avec le mal, de laisser comme les
émigrés, « les fainéants du siècle », toute la place au
mal. Et, dans ses actes, le bien seul est à lui, le mal est
la faute du temps.

Mais l'admiration est en Aimée une victoire de l'amitié sur la nature, et cette nature observatrice et irres-
pectueuse reprend ses droits quand Aimée note ce
qu'elle-même a vu et entendu. Ses récits commentent et

diminuent ses louanges. Si puissant qu'elle proclame cet esprit, elle a surpris la pensée du grand politique, dans l'urgence et la gravité tragiques de l'heure, au moment où l'Empire, prison de la liberté, mais forteresse de la puissance française, menace ruine, et où il faut bâtir sur d'autres fondements. Or, l'oracle n'a trouvé qu'une inspiration, la Régence, l'Empire sans l'Empereur, la voûte sans sa clef. La Régence était le moindre changement, celui qui dans la déchéance du monarque laissait au père la consolation de transmettre le pouvoir à son fils. La préférence de Talleyrand a été droit au régime le plus facile à obtenir. Voilà qui définit l'habileté de l'homme et la nature de ses ressources. La supériorité de cette intelligence n'était pas dans la portée lointaine des divinations, ni dans la puissance logique des jugements, ni dans la solide architecture des projets, mais dans une opportunité qui, sans prétendre à fixer l'avenir, bornait son adresse à sortir des difficultés par l'issue la plus proche, fût-elle une impasse, comptait sur cette continuité de ressources pour résoudre au fur et à mesure les embarras nés à leur tour des habiletés, et tenait la vie pour une succession de hasards où il était toujours nécessaire d'improviser et toujours vain de prévoir.

Que même ce contempteur des principes, fertile en expédients, et incomparable dans l'art d'accommoder les restes, ait laissé le hasard conduire tout, Aimée de Coigny le constate. Elle démêle dans cette réputation l'artifice : elle ose reprocher au prophète une « muserie qui est dans son caractère, qui lui fait profiter de l'événement n'importe lequel et se donner le mérite de l'avoir prévu et arrangé secrètement, quand il n'a fait que l'attendre dans le silence ».

De même elle a beau dire que l'amour du bien général fait l'unité des combinaisons où il se mêla. Le jour où madame de Coigny se jetait d'un si bel élan au cou du vieil enfant prodigue, en récompense de son retour au foyer monarchique, elle voulait étouffer dans un baiser le « mais » qui déjà gâtait la conversion. Par ce « mais » Talleyrand subordonnait sans embarras sa paix avec les Bourbons à la faveur qu'ils lui garantiraient. On compte sur sa main pour commencer le mouvement qu'il déclare le salut de son pays ; il la tend pour recevoir. Même rassuré sur le salaire, il tient avant tout non à ce que son action soit efficace pour la France, mais à ce qu'elle ne soit pas compromettante pour lui. Le premier geste de son alliance avec les monarchistes est pour anéantir l'écrit qui la propose. Sa promptitude à admettre, au premier mot de madame de Coigny, qu'il y aurait témérité à ne pas détruire cet indice ; sur le papier qui se consume, cette pelle et cette pincette croisées par le prince lui-même pour empêcher que rien du secret ne s'envole ; cette persévérance à pousser les autres sans se mouvoir ; cet art de glisser à l'oreille les mots suspects et libérateurs sans que ses lèvres semblent s'ouvrir ; tandis qu'il se garde ainsi,

son insistance à répéter aux autres, comme l'argument
décisif, que leur énergie ne fera pas tort à leur sûreté ;
son calme supérieur, dédaigneux et discrètement iro-
nique pour les idées dont il veut échauffer l'opinion
pour la liberté et les droits publics ; son mot d'ordre en
faveur de « ces plus belles choses du monde qu'on peut
dire sans danger » : tout est d'un homme qui se moque
de tout, sauf des risques.

Mais si madame de Coigny prête au personnage plus
qu'elle ne retrouve quand elle l'analyse, ce mécompte
ne prouve pas l'inexactitude, il atteste au contraire la
fidélité de l'observatrice à reproduire les apparences. Il
est la mesure de l'illusion que Talleyrand fit toujours à
ses contemporains. De même, l'impression qu'il laisse
de lui à la postérité est supérieure à ses desseins et à ses
actes, parce qu'il impose et en impose grâce aux pres-
tiges du passé survivant en lui. Ses traditions de race
donnent de l'aristocratie à ses moindres actes et de la
taille à ses mérites, transforment sa boiterie morale
comme l'autre en une sorte d'élégance, changent
l'aspect de ce qu'il fait par la manière dont il le fait,
lui gardent, à quelques compagnies et à quelques complicités qu'il s'abaisse, un air d'assurance, de fierté
déconcertantes, et feraient croire, tant son attitude est
tranquille, que sa conscience l'est aussi. Pourtant
madame de Coigny a surpris encore le défaut de cette
apparence : « Comme les fées dont on nous a entretenues dans notre enfance, qui pendant un certain

temps étaient obligées de perdre les formes brillantes
dont elles étaient revêtues pour en prendre de repoussantes, M. de Talleyrand est sujet à de subites métamorphoses qui ne durent pas, mais qui sont effrayantes.
Alors la vue des honnêtes gens le gêne et ils lui
deviennent odieux. » Odieux comme un remords. En son
âme partagée l'attrait de certains vices est trop impérieux
pour ne pas rester vainqueur ; mais l'intelligence du
bien est trop claire pour ne pas répandre jusque sur ses
plaisirs l'humiliation de sa faiblesse morale. A certaines
heures, le désintéressement, la fidélité, le courage,
chassés de sa vie, lui apparaissent dans la vie des autres
et ces spectres le troublent. Il voit la beauté de ce qu'il
a abandonné, il envie ce qu'il ne tente pas d'imiter. Et
ses retours de conscience semblent le rendre plus mauvais : il en veut aux vertus qui l'obligent à comparer et
à rougir, et sous sa belle impassibilité de surface
s'entr'ouvrent les profondeurs douloureuses de sa vie.
Elle ressemble à cette terre napolitaine où il a ses fiefs
et dont il porte le nom : là aussi l'atmosphère est
douce, le climat égal, et les fleurs sont de toutes
saisons, mais de loin en loin par des fissures soudaines
s'échappe une haleine de soufre, et parfois le grand
cratère, versant sur cette paix ses laves et ses cendres.
teinte le ciel entier par un reflet infernal d'abîme.

16.

XIII

Occupée de Talleyrand, madame de Coigny n'a garde
de se taire sur le monde où elle le rencontre. Jamais on
n'a mieux exprimé le contraste entre « la manière de
vivre positive » et nouvelle « des gens occupés de leurs
affaires, les faisant bien, prenant tout au sérieux,
affrontant les dangers, mais ne sachant pas en rire,
employant tous leurs moments parce qu'ils ignoraient
comment on peut les perdre » et « le *savoir-vivre* d'autrefois, composé de nuances, d'à peu près, et d'un doux
laisser-aller, où la gaieté, la plaisanterie, la molle insouciance, berçaient la moitié de la vie, où *laisser couler le
temps* était une façon de parler habituelle et familière. »
Elle fait comprendre combien les quelques survivants
de cet art tinrent à en jouir encore quand ils se retrou-
vèrent, combien ces asiles du passé furent précieux à
M. de Talleyrand, combien il « avait besoin de dire et
d'écouter quelques paroles sans suite et sans conséquence, pour se reposer de celles toujours écoutées et
comptées qu'il prononçait à la Cour ». Elle raconte les
dîners où mesdames de Bellegarde priaient chaque
semaine des écrivains et des artistes pour distraire le
grand diplomate qui ne savait pas s'ennuyer. Elle énu-

mère les familiers qui chaque soir se retrouvaient chez
la princesse de Vaudemont, « fort bien partagés entre la
grâce piquante de madame de Laval, le doux murmure
de conversation de mesdames de Bellegarde, ma bonne
volonté de plaire et de m'amuser et le charme inexprimable que M. de Talleyrand sait répandre quand il n'enveloppe point cette qualité dans un dédaigneux silence ».
Mais ne croyez pas que là même son plaisir fasse oublier
à Aimée sa conspiration : c'est sa conspiration qui est
son plaisir. Dans ce salon où « vivaient dans l'intimité »
MM. de Saint-Aignan, beau-frère de M. de Caulaincourt, Pasquier, Molé, Lavalette, le duc d'Alberg,
Vitrolles, elle voit « le corps d'armée napoléonienne »
dont elle épie « les espérances et les inquiétudes ». Les
principaux n'étaient pas gens à dire plus qu'ils ne voulaient, ni à laisser deviner ce qu'ils ne disaient pas :
est-ce pour se venger de leur silence qu'elle ne parle
pas d'eux ? Molé seul obtient cette mention d'une aigreur
bien sommaire : « ses yeux sont chargés de donner seuls
du mouvement et de l'esprit à sa physionomie, car il a
les dents gâtées. » Les eût-elle vues si laides s'il les
avait desserrées pour la renseigner sur ce qu'elle voulait
savoir ? « De tous ces messieurs-là, continue-t-elle, je
n'estimais que le comte de Lavalette. » Mais Lavalette
eût-il été fier de la préférence s'il en eût su le pourquoi ? « Je m'amusais à disputer contre lui ; resté seul
après les autres, il perdait toute réserve, excité par la
contradiction de mon discours et par le petit morceau

de sucre, continuellement arrosé de rhum, qu'il faisait
entrer dans sa bouche à chaque parole qui sortait de la
mienne. Cet exercice prolongé quelquefois bien avant
dans la nuit nous a révélé plus de choses, fait pressentir plus d'événements qu'il n'en savait peut-être lui-
même et jamais ne nous a trompés. » Ceux-là seuls qui
la renseignaient ont droit à son souvenir, fussent-ils
les derniers des comparses. Elle tient pour tel « un
comte de S..., ancien envoyé de Perse à la Cour de
France, Piémontais par son père, Polonais par sa mère,
cocu Allemand par sa femme, Anglais par ses alliances,
Russe par une cousine, Français par conquête et espion
par goût, état et habitude. » Ses titres occupent plus de
place dans les *Mémoires* que les mérites de Pasquier,
Molé, d'Alberg et Saint-Aignan. Voulez-vous le secret ?
C'est qu'il livrait les secrets. « Ce vieux espion de
Maret, accoutumé à passer la fin de ses soirées avec
nous et ne pouvant en tirer parti pour son métier, semblait le mettre de côté passé minuit et, resté dans le
petit cercle de trois ou quatre personnes dont nous faisions nombre jusqu'à une ou deux heures du matin, il
nous racontait des anecdotes curieuses de tous les temps,
et, par entraînement de causerie, il finissait par nous
dire ce qu'il savait de la veille ou du jour et nous mettait ainsi au fait de ce que nous voulions savoir. »

Cette place accordée aux personnages même secon-
daires de ce petit monde, comment omettre les femmes
autour desquelles il se mouvait ? Mesdames de Bellegarde

ne sont pour Aimée qu'« un doux murmure de conversation », comme si, sur leur insignifiance sans défauts
le souvenir glissait sans prises. Elles reçoivent, mais ce
sont les autres qu'on va trouver chez elles ; elles sont
dans la société comme les traits d'union dans la gram-
maire, et n'ont pas de valeur isolée. Autres sont
madame de Vaudemont et madame de Laval : l'étude
qu'Aimée fait d'elles donne à son talent une nouvelle
manière. Pour saisir les fugitives apparences de Talleyrand, elle a multiplié et dispersé les croquis. Pour les
autres figures d'hommes, au contraire, elle a d'un seul
coup, sans retouche, sans lever la main, achevé l'œuvre.
Comme elle cherchait de leur physionomie l'essentiel, et se bornait à la mettre en bon jour, son art lui a
révélé que la physionomie de l'homme, faite surtout
par la netteté et la vigueur des traits, peut, grâce à l'insistance sur le trait principal et à l'élimination des
autres, se réduire, en quatre coups de pinceau, à la
simplicité d'une caricature ressemblante. Mais, quand
Aimée voit les deux femmes qu'elle connaît le mieux,
qu'elle rencontre chaque jour, qu'elle a tout le loisir de
bien étudier sans cesse et qu'elle peut pénétrer à fond,
sa nature de femme regardant en elle-même son sexe,
l'œuvre se révèle toute différente à son instinct d'artiste.
La figure de la femme, faite de nuances autant que de
lignes, de mélanges plus que de heurts, et moins carac-
térisée par l'énergie du relief que par la fusion des
contours, exige une autre conscience de dessin, une autre

délicatesse de touche. Voilà comment le peintre s'est
mis cette fois à son chevalet et a laissé sur deux toiles
égales et qui se font pendant, deux portraits achevés.

« La princesse de Vaudemont est née Montmorency,
de la branche véritable, à ce qu'elle dit. Elle a épousé
un prince de la maison de Lorraine, dont elle est veuve.
Sa figure était agréable dans sa jeunesse, elle avait l'air
noble et une belle taille. Sans être romanesque ni
galante, elle a eu des amants, et, sans chercher dans
la musique les tendres et profondes émotions qui jettent
dans une douce rêverie, elle l'aime avec passion.
Madame de Vaudemont a la hauteur qui fait qu'on
s'entoure de subalternes au milieu desquels elle se
montre à la bonne compagnie, qu'elle ne perd point de
vue. Elle a le goût le plus décidé pour la puissance
sans songer à y participer; l'intimité des gens en place
lui plaît, n'importe le gouvernement, et les changements lui sont indifférents. Elle ne demande aux révolutions que de passer par sa chambre, sans s'informer où
elles vont ensuite. L'égalité ne la choquait pas et le ton
semi-théâtral, semi-camarade, de la cour de Bonaparte
ne lui était point désagréable. Quoique son salon ait
servi aux rendez-vous les plus importants et qu'elle en
ait été témoin, elle n'en a jamais prévu les conséquences; la preuve en est dans sa surprise lors de
l'arrivée du Roi et du retour de Napoléon. Pourvu que
ses petits chiens aient le droit de mordre familièrement

les ministres et les ambassadeurs, et que son thé soit pris dans l'intimité par les hommes puissants, le reste l'occupe peu. Amie zélée et courageuse, ses qualités se développent quand il s'agit d'être utile à ceux qu'elle aime, et elle ne manque pas alors de justesse et de prévoyance dans l'esprit ; mais, dans la vie ordinaire, c'est une fatigue qu'elle ne prend jamais. »

Voici madame de Laval :

« La vicomtesse de Laval, je ne sais pourquoi ni comment, vint à connaître mesdames de Bellegarde, et elle en fit aussitôt ses esclaves, ce qui n'étonnera personne de ceux qui connaissent la vicomtesse. Elle est vieille maintenant, mais son esprit et ses yeux conservent un charme plein de jeunesse. Elle a tourné quelques têtes, ne s'est pas refusé une fantaisie, s'est perdue dans un temps où il y avait des couvents pour donner un éclat convenu à la honte des maris, et n'a évité cette retraite que parce que son beau-frère, le duc de Laval, a substitué le plaisir de l'afficher à celui de la punir par ce moyen. Je ne sais qui a dit que la réputation des femmes repousse comme les cheveux, la sienne en est la preuve. Maltraitée par les femmes considérables de son temps parce qu'elle traitait trop favorablement leur mari ou leurs amants, le divorce, qu'elle a subi et non demandé, l'a réconciliée avec les plus prudes. Changeant d'amant presque autant que d'années, cette habitude s'est établie en droit et celui de prescription à cet égard était dans toute sa vigueur lorsqu'elle s'est logée dans la même maison que le comte Louis de Narbonne, quoiqu'il fût marié. Les femmes les plus sévères vont chez elle, *parce que* le souvenir des torts de sa jeunesse est effacé ; elle était flattée des faveurs que l'empereur Napoléon répandait sur M. de Narbonne, son aide de camp, *parce que* les sourires de la fortune sont toujours agréables ; sa chambre était remplie de la bonne compagnie d'autrefois, *parce qu'*elle déteste la Révolution ; elle est difficile sur la conduite des femmes, *parce qu'*une certaine sévérité sied bien à son âge ; et, avec ces motifs pour chacune de ses actions et cette inconséquence générale pour toutes, elle est la plus piquante, la plus gaie, la plus absolue, la plus aimable et la moins bonne des femmes. »

En tout bon portrait, on reconnaît deux personnes : le modèle et le peintre, qui, par sa manière d'interpréter autrui, se montre lui-même. Ici le peintre marque les deux œuvres par un trait commun, l'insistance sur l'irrégularité des mœurs. Pour madame de Vaudemont, Aimée se contente de deux mots, mais de ceux qui par leur vague même étendent sur toute une vie un soupçon de désordre ; pour madame de Laval, le désordre semble être toute la vie. Tant de lumière sur leurs faiblesses de cœur jette surtout du jour sur la plaie secrète de celle qui leur ressemble. En vain Aimée voudrait, par son silence sur sa vie intime, donner à croire qu'elle se tait de son bonheur. Le monde, par ses jugements sans nombre, sans bruit, et sans appel, lui a signifié qu'en abandonnant l'existence régulière elle a perdu de son importance, de sa valeur et même de son charme. Elle, à montrer que les femmes les plus respectées et les plus prudes ont fait autant et pis, convainc d'hypocrisie la morale et d'imbécillité l'estime publique, avilit les puissances dont elle souffre et dont elle n'ose se plaindre. Pour son honneur, il lui faut déshonorer. Et elle subit ainsi la double déchéance, qui, par nos vices, nous rend malheureux d'abord et méchants ensuite.

Mais ces portraits sont beaux précisément parce que le peintre, accoutumé à trouver sa perfection dans les imperfections de ses modèles, n'a composé ici leur physionomie que de leurs laideurs. La plénitude s'est faite du talent par la malignité. Et si, de cette malignité, une part, l'accusation de mauvaises mœurs, est une vengeance de jalousie, le reste, tout cruel soit-il, n'est inspiré par aucune haine. C'est d'instinct, avant même de s'être demandé si elle ferait du mal, qu'elle l'a déjà fait. Elle a comme les félins, les ongles rétractiles : il suffit qu'elle détende ses nerfs et qu'elle étende ses muscles pour que les ongles sortent d'eux-mêmes, sans colère se plantent dans toute chair à leur portée, et, sans plus de colère, pour se dégager, emportent le morceau. Ainsi se trouvent tracés à vif sur les victimes ses dessins à la griffe. Cette cruauté inconsciente, cette inaptitude à la pitié, défendaient des ménagements et de la lassitude cet esprit observateur, toutes les spontanéités de ce verbe original et imprévu. Quel don de frapper au plus sensible les amours-propres, quelle sûreté dans les blessures, quelle justesse à n'enfoncer nul coup au delà de la profondeur utile, quel entraînement à les redoubler jusqu'à la mort des réputations, quel art d'investir toute une vie par si peu de griefs, et dans ses analyses quelle synthèse de dénigrement! C'est du Saint-Simon, un Saint-Simon femme, c'est-à-dire plus rapide et plus aigu dans la méchanceté.

C'est assez pour donner une idée de ces *Mémoires*. Philosophie, histoire, politique, littérature, jugements sur la cour nouvelle, sur l'ancienne société, sur les particuliers se succèdent et se mêlent dans ces pages. Le style, aussi divers que les sujets, passe de la gravité à la malice, de l'abondance à la formule brève, de la précision rigoureuse à la négligence abandonnée, et non moins grande que la variété est la promptitude de ses métamorphoses. La pensée se présente duchesse : vous admirez comme se déroule sa robe de cour, elle la relève, pour pirouetter et rire en soubrette de comédie: tandis que vous riez vous-même, ses cotillons courts ont disparu sous un manteau de philosophe, et, au moment où vous devenez grave à sa leçon, elle la termine par un geste de gamin. Si chacun de ces changements, vagabondages d'un esprit toujours incertain,

mêlait un reste de ce que vient d'être cette humeur à
un commencement de ce qu'elle va devenir, les impressions seraient envahies, pénétrées, gâtées les unes par
les autres, et toute cette promptitude de mouvement
ne créerait que la monotonie de la légèreté. Mais, au
contraire, Aimée de Coigny est toute à ce qu'elle est ;
elle entre dans chacune des demeures qu'elle traverse
comme si elle les devait toujours habiter, et note,
subites, vives et profondes comme elle les éprouve, ses
impressions. C'est peut-être par leur intensité qu'elles
s'épuisent vite ; c'est à coup sûr leur sincérité, leur plénitude, et le contraste de leurs différences dans la rapidité de leur succession, qui donnent tant de mouvement à ses *Mémoires*.

C'est assez aussi pour montrer ce qui dans la nature
humaine sollicite ce talent. Les mérites graves, les
hautes vertus qu'elle sait reconnaître ne l'inspirent pas :
l'admiration, le respect ressemblent trop au devoir lui-
même et ils l'ennuient. Les grandes souffrances et les
grandes scélératesses n'obtiennent pas davantage les
préférences de cette observatrice : elle n'a pas les curiosités qui attristent. Ce qui attire son attention, ce sont
les faiblesses, les ridicules, les manies, ces aspects de
l'infirmité humaine qui servent à l'amusement des spectateurs. Cela sans doute n'indique pas une intelligence
vraie de la vie : car il y a autrement de pensées, et
autrement nobles et autrement fécondes, dans la tristesse que dans le rire. Du moins le rire, sur les lèvres

de cette épicurienne, sonne-t-il franc, naturel, conta-
gieux, et toujours nouveau, à l'aspect des apparences
innombrables que prend notre petitesse.

Quelle œuvre pouvait être accomplie par un pareil
ouvrier ! Dès le début de son travail, Aimée de Coigny
avait étendu le sujet à la mesure de ce qu'elle se sentait
capable de faire. Au lieu de s'enfermer en cet obscur
cheminement de mine creusé par quelques travailleurs
sous la masse compacte de l'Empire, elle avait embrassé
d'abord du regard tout le régime. Et comme, dans ce
régime, il n'y avait pas seulement le génie et les erreurs
d'un homme, mais aussi la puissance des choses, le
terme logique où toutes les pierres roulantes du passé
et du présent avaient terminé leur chute et repris leur
stabilité, l'importance était de montrer comment, dans
la mort des institutions improvisées par les politiques,
se perpétuerait la vie de la société. Continuer les
Memoires était parvenir à leur partie la plus intéressante : aux maladroits efforts de la première Restauration pour réconcilier les deux Frances ; aux Cent-Jours,
où, tandis que Napoléon essayait de réveiller dans la
patrie la vigueur révolutionnaire, les Bourbons retrouvaient en exil l'esprit émigré ; à la furieuse vengeance
qui commença la seconde Restauration ; enfin à la trêve
royale, fil tendu entre les rancunes et les espérances
des deux armées désormais irréconciliables, et sur
lequel l'équilibriste impotent, Louis XVIII, se tint quelques années debout. Peindre, à travers les divisions poli-

tiques, la reconstitution de la vie mondaine était surtout l'œuvre conforme aux goûts et aux talents de cette
femme. Il lui restait à compléter l'ébauche tracée par
elle des premières rencontres entre les représentants de
l'ancien régime et de la Révolution après la Terreur, à
introduire dans ce monde impérial, dont elle a si bien
indiqué l'intelligence restreinte aux affaires publiques,
les plaisirs saisis en hâte, la pompe officielle et mono-
tone ; il lui restait à décrire la vie de l'esprit et des
salons au commencement de la Restauration. Talleyrand
est plus que jamais le centre de la société française.
Vivre près de lui, c'est être au croisement de toutes les
voies. Aimée est là. Tandis que les gens passent sous le
feu de ses terribles regards, il lui suffirait de peindre
pour créer une galerie d'inestimables portraits.

Et pourtant ce manuscrit commencé avec tant de joie
s'arrête après la soixantième page. Cette plume exquise
et redoutable tombe des mains qui la maniaient si bien,
et le signet de soie marque la place où le goût de
poursuivre plus loin s'est épuisé. Car ce n'est pas le
temps qui a fait défaut à l'écrivain. Trois années lui
restaient encore pour le travail et la renommée ; elle
ne les a données qu'au silence. Cet inachèvement de
l'œuvre complète la vérité de ce caractère et la logique
de cette vie.

XIV

Le sort ne fait pas toujours justice aux vivants. Entre leurs destinées et leurs mérites, la contradiction s'élève parfois jusqu'au scandale. Et ce n'est pas le moins insolent triomphe de ce désordre que le bonheur de certaines femmes. On en voit, séductrices des événements comme des hommes, s'assurer par les caprices de leurs cœurs contre ceux de la fortune ; sur ces deux choses les plus fragiles du monde bâtir solidement leur vie : obtenir par la galanterie l'argent, l'influence, les amitiés, la considération ; éteindre les orages de leur jeunesse dans l'apaisement de soirs tranquilles et doux, et joindre aux joies des impures les récompenses des sages. Ces spectacles troublent la conscience et la tenteraient de conclure que la vertu est sans action sur les hasards de la vie.

Il ne faut pas se fier à cette immoralité du sort. Les fautes ne réussissent pas à tout le monde. Pour ne pas trop décourager de l'honnêteté, la vie, comme les contes, change parfois le bien en récompense et le mal en châtiment.

Cette loi de justice gouverne toute l'existence d'Aimée de Coigny.

Les libéralités gratuites et magnifiques de la nature avaient prodigué à cette femme toutes les chances de bonheur. Naissance, richesse, beauté, savoir, charme, art de se faire aimer et énergie d'aimer ; intelligence que la perfection de la tendresse est le dévouement et le sacrifice ; goût de porter cette générosité non seulement dans l'amour, mais dans la raison ; impartialité assez haute pour admettre que ses intérêts personnels fussent contraires à l'intérêt général ; détachement assez complet pour ne pas se préférer et pour renouveler par la patience de chaque jour les sacrifices une fois consentis ; aptitude non seulement à supporter les événements, mais à les dominer ; puissance de la parole et de la plume : tous les avantages partagés d'ordinaire entre les privilégiées du sort se trouvaient réunis en cette accapareuse. Elle possédait, outre les ressources utiles en tous les temps, les ressources les plus précieuses pour le temps où elle vivait, comme des dons de rechange qui lui assuraient de n'être jamais à court, et, ses titres disparus même avec ses richesses, de rester au premier rang. Soit qu'émigrée elle opposât son sens des réalités aux rêves de sa caste, soit qu'en France, elle recommandât à l'ancienne société les réformes de la nouvelle et à la nouvelle les traditions de l'ancienne, quelle conseillère pour ses contemporains éperdus entre un monde détruit et un monde destructeur ! Ce qui manqua alors aux deux Frances qui avaient à se comprendre et à se pardonner, ce furent les influences propitiatrices. Pour être une de ces reines de paix, il suffisait que cette femme ne repoussât pas les avances de la destinée.

Pourquoi fut-elle si peu ce qu'elle pouvait être? Quelles erreurs de conduite lui fermèrent l'avenir? Au début, une seule. Elle ne veut pas soumettre son cœur à d'autre loi que l'attrait. En quoi, elle ne semble que suivre l'usage. L'indépendance du cœur était alors pour les grandes dames comme le droit commun de la vie conjugale : habiles ordonnatrices de leurs désordres, la plupart s'assuraient, par leurs amants, la variété des tendresses et, par leur mari, la fixité de la fortune et du rang. Ces femmes, à qui il fallait tant d'affections, n'aimaient en réalité qu'elles-mêmes. C'est leur égoïsme qui, dans les aventures défendues et dans les situations régulières, cherchait uniquement son plaisir et sa commodité. Autrement profonde, la sensibilité d'Aimée se lassa bientôt de trahir ainsi tout ensemble le devoir et la passion. Elle voulut être sans discontinuité ni partage où elle aimait. En cela, elle dérogeait aux mœurs qu'elle avait l'air de suivre, et il y avait dans sa tendresse exclusive plus de probité que dans les froides combinaisons des coquettes. Mais son ardeur l'entraînait plus loin hors de l'ordre et ménageait moins les apparences qui concilient les faiblesses avec la réputation. Comme elle consulte seulement son cœur, et comme, ce cœur soi-disant infaillible se laisse prendre quand il croit choisir, elle fuit chacune de ses erreurs dans une erreur plus grande, et ses pertes de rang et de fortune ne sont pas les pires [1].

Dans les faiblesses d'amour on peut garder intactes les délicatesses de son esprit, de son éducation, même de sa conscience qui les juge, et l'espoir de goûter un bonheur qui satisfasse mieux leurs plus hautes aspirations entraîne la plupart des femmes à leur première faute. Mais l'habitude de la galanterie diminue ces exigences, déprave le goût, accoutume les plus aristocrates de nature à la vulgarité progressive des choix, et, à force d'avoir le cœur moins difficile que l'esprit, elles semblent atteintes dans leur esprit même par la maladie de leur cœur. Ainsi d'Aimée. Et comme enfin sa sincérité va jusqu'à l'impudeur, toutes ses erreurs sont publiques et c'est d'elles surtout que se fait sa réputation.

Dès lors, il était inévitable que ses actes dépréciassent ses mérites, que la fausseté de sa situation enlevât tout crédit à la puissance de son esprit. Par la faute d'une seule faiblesse, ses opinions sages et fortes sur l'ancien régime et la société nouvelle, ses résignations vaillantes aux changements légitimes, n'eurent pas autorité d'exemple. Assez brillante pour mettre le bon sens à la mode chez les plus mondains, assez profonde pour donner à réfléchir aux plus sérieux, égale aux situations les plus importantes, cette femme exerça sur les affaires de son temps, une seule fois, une influence

1. On peut voir à l'appendice comment le désordre de sa fortune et le désordre de ses mœurs allèrent de pair.

clandestine et auprès d'un seul homme, qui avait comme elle et plus encore oublié la décence de sa condition première. Et, pour avoir mené publiquement les erreurs de son existence privée, elle était obligée d'écrire comme un secret, pour un seul ami, son intervention dans les affaires publiques et les sages conseils que ses contemporains n'auraient pas acceptés de sa folle vie.

Elle répondait : Qu'importe? Aucun de ces avantages perdus ne lui coûtait un regret. Elle avait pris les devants, demandé au sort, en échange de tout ce qu'il lui offrait, l'indépendance dont elle savait un plus cher emploi. Elle s'était mise à l'abri de ces épreuves qui sont des justices, vulnérable seulement au cœur.

Mais à ces justices suffisait sa passion même. Tant qu'il lui resterait l'amour, rien ne pouvait la faire souffrir : pour la rendre malheureuse, ce sera assez de l'amour. Elle est, dans toutes ses aventures, atteinte du coup le plus sensible, le plus humiliant, le plus invraisemblable. Elle, triplement séductrice par le corps, l'esprit et le cœur, est toujours abandonnée, non seulement de ses pairs, mais de ceux que son affection avait été chercher le plus bas. Elle éprouve l'inconstance non seulement de ceux envers qui elle a des torts, mais de ceux envers qui elle est sans reproche, et quand ce n'est pas son infidélité qui lasse, c'est sa tendresse. Elle n'a pas voulu être enchaînée aux affections, elle ne sait pas les retenir. Elle n'a pas deviné

que la discipline du cœur est pour l'amour une protection autant qu'une contrainte, elle n'a pas compris
quelle noblesse, quelle profondeur, quelle sécurité
trouve l'amour à se confondre avec le devoir.

Malgré tout, elle garde sa confiance. Chassée des affections qu'elle avait crues durables, contrainte de chercher, d'aventure en aventure, un asile contre l'intolé-
rable solitude du cœur, elle a comme une grâce d'oubli
qui, à chaque expérience, efface de son souvenir toutes
les leçons du passé. Elle retrouve, dès que bat son cœur,
la virginité de ses illusions. Et chaque nouvel effort
pour atteindre enfin à la tendresse ardente et durable
ramène de nouvelles douleurs. Quelques jours d'ivresse
et des années de désenchantement, telle avait été l'histoire de toutes ses passions jusqu'à sa rencontre avec
M. de Boisgelin.

Là, elle avait enfin trouvé ce qu'elle cherchait, dans
l'homme galant un galant homme, toutes les grâces de
l'éducation, les délicatesses qui ne s'apprennent pas et
sont les plus exquises, et la joie de satisfaire sa propre
intelligence par une collaboration à une œuvre d'intérêt général. La morale, cette fois, semblait vaincue par
le bonheur. Et c'est alors qu'elle prend sa revanche la
plus cruelle et définitive.

Attendre, comme faisait Aimée, de l'attrait seul la
durée des tendresses, c'était se promettre la durée de la
grâce séductrice qui les avait formées, c'était compter
sur la permanence de la beauté et de la jeunesse. Or,

tandis qu'elle écrivait pour son ami l'histoire de leurs efforts monarchiques, goûtait la joie d'associer leur union fragile à une œuvre de stabilité, et s'efforçait de retenir le passé par ses souvenirs, il était emporté par le temps. C'est une méthode très grossière de compter ce temps par années, tant elles sont inégalement destructives : les unes prolongeant sans dommage ce qui est le plus ancien, les autres rendant tout à coup lointaines les choses les plus récentes et semblant mettre un siècle entre hier et aujourd'hui. Aimée de Coigny, parvenue à l'arrière-saison, avait gardé, dans son regard, son sourire, sa taille, sa démarche un printemps attardé. Mais, comme ces villes vaillantes jusqu'au bout et dont la capitulation montre soudain toutes les ruines jusque-là cachées, les femmes qui se sont le plus obstinément défendues contre la vieillesse tombent tout d'un coup. Que cette jeunesse du corps abandonnât Aimée, quand la puissance de l'intelligence fournissait ses plus remarquables preuves et quand l'âme se relevait, c'était peu sans doute. Mais ce peu est le sortilège, qui, faisant les hommes captifs d'un regard et d'un sourire, fait la puissance déraisonnable et d'autant plus forte de l'amour. Dès que l'amour libre est réduit, pour se persuader de vivre, aux raisons raisonnables, il meurt. En 1817, Aimée de Coigny avec ses quarante-huit ans était devenue plus vieille que M. de Boisgelin avec ses cinquante, eux-mêmes bien vieux pour les folies. Et, s'il n'est pas d'âge où l'homme soit incapable de les commettre, il y a une heure où la femme devient incapable de les inspirer.

Or, pour M. de Boisgelin rendu à la liberté de son jugement, c'était bien une folie que la durée de cette liaison. En travaillant pour le Roi, Aimée de Coigny avait travaillé contre elle-même. La Restauration avait rappelé d'exil le respect. La suppression du divorce, la place rendue à l'Église dans l'État en même temps que se relevait le trône, attestèrent la solidarité et le rétablissement de toutes les disciplines. Non pas que l'incroyance et l'immoralité perdissent d'un coup leurs adeptes : mais, au lieu de demeurer les protégés des lois et les maîtres de l'opinion, ils trouvaient contre eux le gouvernement et le cours nouveau de l'esprit public. Bon nombre cherchèrent refuge dans l'hypocrisie, le désordre se fit discret et prit des airs sages et pieux. Madame de Coigny, trop sincère pour feindre, demeura ce qu'elle était. Mais, pour n'avoir pas changé dans un monde qui changeait, l'épicurienne jadis à la mode se trouva devenir une femme scandaleuse. La liaison que M. de Boisgelin, particulier obscur et un peu conspirateur, avait pu nouer avec elle dans des temps troublés, devenait, sous le régime de toutes les légitimités, compromettante pour le marquis de Boisgelin, pair de France et favori de la Cour. Le souci de sa fortune nouvelle eût suffi pour le mettre en garde contre son ancienne tendresse, et il n'est pas d'amant si dépravé qui ne lise une leçon de morale dans les

premières rides de sa maîtresse. M. de Boisgelin n'était
pas un corrompu, ses principes n'avaient pas été assez
forts pour lutter contre les ardeurs de ses passions ;
mais, même alors, l'élévation naturelle de sa nature
apparaissant jusque dans ses erreurs, il avait respecté,
cultivé ce qu'il y avait de généreux et de probe en son
amie. Maintenant qu'il n'était plus divisé contre lui-
même, il cédait sans lutte à cette attraction du bien. Sa
conscience adhérait à ces réformes qui étendaient en
France la revanche de la loi chrétienne, il sentait le
devoir d'établir une harmonie entre cet ordre de la vie
nationale et l'ordre de sa propre vie, et les remords
étaient nés dans son cœur où mourait le désir. Entre le
chrétien qu'il redevenait et la païenne que restait sa
compagne, la contradiction lui apparut fondamentale,
inconciliable. En désaccord sur le but de l'existence,
comment perpétuer la confusion de leurs existences ?
Qu'il regardât le monde, elle ou lui, le devoir, l'intérêt,
la satiété lui donnaient le même conseil [1]. Sans discus-
sions inutiles, sans querelles bruyantes, il s'évada de
l'amour dans l'amitié.

En vain donc cette femme a, pour rendre ses passions
plus libres, arraché de sa vie le devoir, elle n'a pu dé-

1. La santé même d'Aimée de Coigny s'était tout à coup affaiblie.
Cette femme qui, jusque-là, ignorait la souffrance, fut condamnée
à ne plus guère sortir de sa chambre. Elle écrit en 1818, le
9 novembre, à de Jouy : « Adieu, monsieur, je suis malade, dans
mon lit, bien languissante, de sorte que je n'ai pas l'espoir de
vous rencontrer chez nos bons et excellents Pontécoulant chez
lesquels je ne puis me traîner. » — *Lettres*, etc., p. 215.

vaster toutes les âmes comme la sienne, et son bonheur
se brise contre cette borne du devoir demeurée debout
dans la conscience de l'être le plus cher. Et la délaissée
n'a pas même la consolation de penser que les bons
propos sont fragiles, que, s'il se croit autre, elle
demeure la même, qu'elle le saura reprendre. Elle
doit reconnaître qu'en lui la vertu ne lutte pas contre
l'amour, mais lui succède ; qu'il ne résiste pas au
danger, mais ne le sent plus ; qu'il ne fuit pas la séduction, mais que la séduction l'a abandonnée elle-même ;
que ni celui-ci ni aucun autre ne seront plus attirés
vers elle ; que c'en est fait et pour jamais. Sa plus
grande souffrance n'a été jusque-là que l'inconstance
des tendresses trop fragiles : elle voit tout à coup devant
elle la terrible stabilité du vide que laisse la fin du
dernier amour.

Il y a des plantes à la fois vivaces et faibles qui ne
peuvent supporter leur propre poids. Où un arbre s'élève
elles s'élèvent avec lui, et le parent de leurs fleurs ;
où il cesse de les porter, elles gisent à terre. Il y a
aussi de ces âmes lianes qui ne peuvent se soutenir
seules. La nature flexible et enveloppante d'Aimée de
Coigny avait besoin de s'enlacer autour d'une volonté
et d'une tendresse d'homme. Elle n'avait pas passé un
jour sans vivre de cet appui ou l'espérer. Si elle avait
désiré plaire à tous, c'était pour se rendre plus précieuse à un seul, pour lire plus de fierté dans les yeux
de l'élu, pour l'attacher davantage à un mérite reconnu

par un témoignage unanime. Ses *Mémoires* n'étaient qu'un acte d'amour, une grâce d'intimité, portes closes, pour le maître de ses pensées. Quand il ne fut plus là, toute la terre fut vide pour elle; quand elle ne s'adressa plus à lui, elle n'eut plus rien à dire à personne.

Si son intelligence gardait toutes ses ressources et si son talent d'écrire avait atteint sa plénitude, à quoi bon? Dire sa vie? C'était rajeunir ses épreuves et souffrir deux fois de ses peines. Raconter les événements qui avaient sous ses yeux bouleversé et changé le monde? Ce monde était aussi pour elle aussi mort que le passé. Peindre la société? Peindre des indifférents pour le plaisir d'indifférents. Songer à la postérité? Aux fils de ces étrangers, plus étrangers encore que leurs pères.

Voilà pourquoi elle ne reprit pas la plume. Ainsi l'amour n'avait pas seulement rempli son cœur jusqu'à le briser, il finissait par rendre stériles les dons de son intelligence.

Triste silence, plus triste que toute plainte, tandis qu'au soir de cette vie, la morale méconnue assemblait ses revanches. Après avoir prodigué plus de tendresses qu'il n'en aurait fallu pour s'attacher indissolublement bien des affections légitimes, cette femme finissait sans affections. Elle avait cru que les tendresses étaient gâtées par le devoir, le devoir n'en retenait aucune auprès d'elle. A la servitude conjugale elle avait préféré les unions libres : la présence d'un mari manquait à ses journées vides, à ses soirées que la souffrance rend si longues. Dans l'existence qu'elle avait choisie, la maternité eût été une gêne et une honte : il lui manquait la sollicitude des fils qui donne aux mères une fierté si douce, il lui manquait les soins caressants des filles qui donnent aux mères tant de quiétude attendrie. Elle avait dédaigné comme un sentiment trop tiède, et sacrifié sans scrupule à ses passions l'amitié : l'amitié aussi était absente ou banale. Et comme le monde n'était plus rien pour Aimée, Aimée n'était plus rien pour le monde.

Le regard que repoussent les tristesses de la terre peut s'élever plus haut. Ce refuge n'est pas seulement ouvert aux justes qui présentent leurs souffrances imméritées comme des créances à la justice éternelle et regardent leurs droits s'accroître par les délais de la providence réparatrice. Il est ouvert aux artisans de leurs propres épreuves, quand se révèle à eux la petitesse de ce qui leur semblait grand, la brièveté de ce qui leur semblait durable, la vanité des riens qui leur tenaient lieu de tout. Alors ils ne subissent pas seulement leurs maux, ils les jugent, et le commencement de mépris qu'ils éprouvent pour eux-mêmes est le commencement de leur sagesse. Ils ne s'étonnent plus si le bonheur, cherché par eux où il n'est pas, leur échappe. Leur douleur s'épure de colère; par leur résignation ils collaborent à l'ordre qu'ils n'ont pas servi par leurs actes, et l'idée de

justice, en leur apportant la patience, les rend à
l'espoir. Si l'acceptation humble du châtiment devient
un mérite, ce mérite prié pour les fautes, les compense, la
générosité du courage crée un titre au pardon et les
maux eux-mêmes préparent ainsi le bonheur dont le
désir survit à tout. Alors toutes les épreuves deviennent profitables, tous les délaissements sont bénis, et la
solitude se change en une compagnie incomparable,
quand elle a mené à Celui qui sait, lorsqu'il lui plaît,
enlever aux larmes leur amertume. Et vinssent-ils à lui
quand le jour s'achève, et ne leur restât-il que le temps
de reconnaître au seuil de la mort la longue erreur de
leur vie, il a fait pour eux dans son évangile sa promesse aux ouvriers de la dernière heure.

A Aimée de Coigny manqua cette consolation suprême. Pour trouver la quiétude dans l'oubli des
devoirs, elle avait eu besoin de croire que ce monde est
le seul, et s'était fait les sophismes qu'on juge décisifs
quand on a intérêt à les admettre. Cette corruption de
son jugement par ses passions était si profonde qu'elle
était devenue sa nature. Le ciel lui paraissait plus vide
encore que la terre, et Dieu fut absent de sa mort
comme de sa vie. Elle avait été jusqu'à la fin la « jeune
captive », la captive de l'amour qui ne sait pas vieillir.

MÉMOIRES

Écrits en l'année 1817.

C'est pour le coin d'une librairie et pour en amuser un voisin, un parent, un ami, qui aura plaisir à me racointer et repratiquer en ceste image.

(*Essays de Michel de Montaigne*, liv. II, chap. XVIII.)

Nunc cum maxime Deus alia exultat, alia submittit, nec molliter ponit, sed ex fastigio suo nullas habitura reliquias jactat. Magna ista, quia parvi sumus, credimus.

(SÉNÈQUE, liv. III, *Questions naturelles*.)

Vous avez désiré vous rappeler un temps où le projet de changer le gouvernement nous occupait. Ce temps m'est cher, puisque je l'ai passé près de vous dont l'amitié honore et intéresse ma vie.

Acceptez donc les efforts de ma mémoire; s'ils manquent d'exactitude, mes erreurs demandent de l'indulgence, car elles sont accompagnées de bonne foi. Je suis payée de la peine que me coûte ce travail par le plaisir que j'éprouve à retracer l'époque où nous espérions voir s'accomplir les vœux ardents que nous formions pour le bonheur de notre patrie.

Dans un espace de près de trente années je ne
mets de prix à me rappeler avec détail que les
trois ou quatre dont les événements se sont
trouvés en accord avec les vœux que M. de Boisgelin[1] et moi formions pour notre pays.

Restée en France, j'ai vu ce choc de tant d'in-

1. Bruno-Gabriel-Charles de Boisgelin était fils de Charles de
Boisgelin, « capitaine de frégate du roy », et de Sainte de Boisgelin de Curé. Il naquit en Bretagne, au château de Boisgelin,
paroisse de Pléhédel, le 26 août 1767. Un acte daté du lendemain
constate que « Anonyme du Boisgelin » fut ondoyé « avec dispense des
cérémonies baptismales ». Elles furent accomplies le 12 octobre 1772,
et l'acte qui les constate, en faisant connaître les prénoms du
nouveau chrétien, complète son état civil. Dans ces deux pièces, et
les actes de baptême et de mariage relatifs aux ascendants, le nom
est écrit du Boisgelin par le rédacteur, bien que les témoins de la

térêts divers appelés Révolution; les murmures se
sont transformés devant moi en cris séditieux,
ils ont égaré les Français bientôt précipités dans
les excès les plus coupables et les plus opposés;

famille aient signé de Boisgelin. Dans les actes de l'état civil
postérieurs, le nom écrit est de Boisgelin.

A quinze ans, Bruno de Boisgelin commença le métier des armes.
Le 1er septembre 1782, surnuméraire aux gardes du corps, il devenait, à dix-huit ans, le 4 septembre 1785, capitaine au régiment
de Royal Cavalerie. Il épousait, le 22 avril 1788, Cécile-Marie-Char-
lotte-Gabrielle d'Harcourt, fille de Anne-François, duc de Beuvron,
et de Marie-Catherine de Rouillé. Si la fiancée était petite et laide,
la fortune était belle et la famille considérable; l'oncle du fiancé
était le cardinal de Boisgelin. Rien de plus assuré que l'avenir de
l'officier et du gentilhomme; un an après, éclatait la Révolution.
Boisgelin se rendait, en 1791, à l'armée des princes, faisait avec
eux la campagne de 1792 comme garde du corps, puis celles de Hollande et de Quiberon comme capitaine aux hussards de Choiseul.
Licencié en 1796, il se réfugia en Angleterre. Quand il eut con-
templé toutes les impuissances du parti royaliste, et quand le
Consulat offrit aux Français de toute origine sécurité en France,
Boisgelin fut attiré par la patrie. Muni d'un sauf-conduit que le
ministre de la police Fouché lui accorda, le 23 nivôse an VIII, il
revint à Paris et s'employa à obtenir la radiation de son nom sur la
liste des émigrés. Les pièces du dossier formé par ses soins
montrent, dans toutes les autorités publiques, un désir de bienveillance et de réparation contraire et égal au parti pris de haine
et de soupçon qu'elles avaient naguère contre les « ci-devant ». Il
se trouve, autant qu'il en faut, des témoins pour attester que M. de
Boisgelin a fait son séjour ininterrompu à Amiens, du 4 mai 1792
au 2 frimaire an III, et du 4 frimaire an III au 17 fructidor an V,
à Fontainebleau, quand il était à Coblentz, en Hollande ou à Quiberon. Un arrêté consulaire du 23 floréal an IX le déclare « défi-
nitivement rayé de la liste des émigrés » et le rétablit « dans la
jouissance de ceux de ses biens qui n'auraient pas été vendus ».

Comme le duc et la duchesse de Beuvron, accusés aussi d'émi-

le silence de la servitude a succédé aux accents
frénétiques de la démagogie. Cachée dans un coin
obscur de cette grande machine appelée tour
à tour République, Empire, Royaume, j'ai

gration, n'avaient pas quitté la France, s'étaient fait rayés de la
liste dès le 3 floréal an III, avaient conservé, au moins en partie,
leur fortune, et comme madame de Boisgelin avait, en germinal
an V, hérité de son père, M. de Boisgelin se trouva parmi les
moins mal traités de la Révolution. Il faillit même devenir un favori
du régime nouveau. A son insu ou non, il fut proposé à Napoléon
pour chambellan par le duc de Bassano : ces honneurs tombaient
alors sur les représentants de la vieille noblesse comme des ordres
auxquels les intéressés n'avaient ni moyen, ni d'habitude envie
de se soustraire. M. de Boisgelin ne fut pas choisi et resta libre de
garder intacte à ses princes sa fidélité. En 1811, elle passa à
l'action, comme le racontent les *Mémoires*. En 1814, les récompenses ont leur tour. Le 24 août, il est nommé colonel ; le 25 septembre, chevalier de la Légion d'honneur ; le 5 octobre, chevalier
de Saint-Louis, « avec faculté de porter sur l'estomac une croix
d'or émaillée suspendue à un petit ruban couleur de feu ». Député
en 1814 et en 1815, pair le 17 août 1815, il est premier chambellan
de la garde-robe, au traitement de vingt-cinq mille francs ; enfin, le
19 août 1823, il est nommé officier de la Légion d'honneur. Mais, quoi
que nous obtenions, il nous reste toujours à désirer. M. de Boisgelin
aurait voulu être maréchal de camp. Il demanda ce grade en 1816.
La Commission chargée d'examiner « les titres des Français qui
ont servi au dehors » lui fit savoir qu'il avait seulement quinze
ans de services effectifs, et qu'il en fallait dix-neuf pour avoir
droit au titre d'officier général. M. de Boisgelin prétendit « obtenir
des bontés du roi l'exemption des quatre années qui manquaient »,
et, dans sa lettre au roi du 20 avril 1817, ne dissimula pas sa
pénible surprise que la volonté du monarque fût prisonnière de
réglementations formalistes.

Est-ce l'amertume de cette déception qui détermina son attitude
imprévue quand, l'année suivante, fut discutée la loi Gouvion-
Saint-Cyr? Cette loi, en fixant les conditions précises d'aptitudes

ressenti les secousses qui l'ont si souvent mise en danger. Je pourrais me croire dépouillée de mon rang et de ma fortune, comme tant d'autres, si mes habitudes de très pauvre citoyenne ne dataient de si loin que mon titre de duchesse, ma situation de grande dame ne me semblent plus

et de services pour l'avancement des officiers, n'assurait pas seulement à l'armée des chefs capables et éprouvés, elle émoussait l'arme la plus redoutable de la tyrannie monarchique, elle défendait la France contre l'asservissement de la force militaire aux caprices du prince, asservissement à prévoir si les officiers avaient eux-mêmes tout à espérer ou à craindre de ces caprices et devaient leur carrière à la faveur ; elle était une garantie de ce gouvernement tempéré que M. de Boisgelin avait voulu ; elle enfermait, comme il avait dit, « la souveraineté royale dans un mécanisme légal ». Nul plus que lui n'aurait dû soutenir les projets qu'il combattit obstinément à la Chambre des pairs. La charte a reconnu au roi le droit de nommer aux charges administratives et judiciaires : à plus forte raison, prétend M. de Boisgelin, le roi doit-il nommer aux grades de l'armée ; le roi est historiquement et avant tout le chef militaire ; lui enlever le choix de ceux qui commandent en son nom les troupes est le dépouiller de sa prérogative la plus essentielle. Ces raisons ne ressemblaient guère à celles qu'il opposait naguère, en compagnie d'Aimée de Coigny, contre l'absolutisme royal. Sa collaboratrice, s'il s'était encore soucié de la convaincre, n'eût pas manqué d'objecter qu'en droit il légitimait l'arbitraire, qu'en fait, il livrait les hauts grades aux émigrés, et n'eut pas conseillé qu'il donnât l'éclat de la tribune à une telle contradiction. Sauf en cette circonstance d'ailleurs, les doctrines et les votes de M. Boisgelin furent ceux qu'on pouvait attendre d'un esprit sage, et, quand vint la dernière épreuve de sa fidélité, elle le trouva ferme. Après la Révolution de 1830, il ne fut pas de ceux qui, perdant leur roi, voulurent au moins garder leurs places. Il donna sa démission de Pair, sacrifice qui honora la fin de sa vie. Il mourut moins d'un an après, le **29 juin 1831**.

qu'un point dans ma vie, si loin et si effacé que
les rêves ont plus de consistance et de réalité.
Mon sens n'est donc pas influencé par des regrets,
et je suis bien placée, ce me semble, pour juger
sainement des choses, ne pouvant y apporter aucun
intérêt personnel.

Aussi, depuis le moment où les passions dites
révolutionnaires ont cessé, et où la devise nationale n'a plus été *Égalité, fraternité ou la mort,*
j'ai regardé, pour découvrir le motif qui avait
mis en mouvement tout un peuple, et j'ai cru le
trouver dans le besoin qu'il avait de changer ses
institutions : dès lors, l'indulgence est entrée dans
mon cœur, et les plus coupables excès ne m'ont
paru que les exagérations de la chose vraiment
utile et désirée.

Une nation spirituelle, éclairée, n'a plus voulu
se soumettre aux caprices d'une maîtresse ou
même d'un maître. Elle a refusé de payer par
son travail, ses privations et son sang, les guerres
dont le motif et l'issue lui étaient étrangers. Pour
faire connaître ses besoins et les faire compter
par l'autorité et pour encourager son industrie,
elle n'a voulu dépendre que de lois qui sou-

missent proportionnellement toutes les existences
à porter en commun le fardeau des charges
publiques. C'est ce sentiment confus et mal connu
qui a fait naitre de notre temps l'amour de l'*égalité*. L'habitude des distinctions attachées au rang
et à la naissance ne la montrait que comme un
paradoxe envisagée en ce sens, mais commençant
par l'établir dans la répartition des impôts, elle
se glissa bien vite partout et, réduite en système,
elle finit par menacer la société. C'est donc, en
cette occasion comme en toutes, l'abus d'une
bonne chose qui en a produit une désastreuse.
Avant que ces pensées fussent clairement recon-
nues par les Français, elles fermentaient en eux
et, leur inspirant un profond dégoût pour l'ordre
établi, les ont poussés à le détruire avant de
savoir précisément celui qui leur convenait. La
crainte de retomber dans un état qui leur était
odieux les a fait recourir à son extrémité opposée.
C'est ainsi qu'en quittant une Monarchie absolue
où la noblesse avait balancé longtemps la puissance royale, ils ont demandé une République où
tous les rangs fussent nivelés et que la barbarie a
pris la place de l'esprit de réforme.

C'est alors qu'on a tué le roi et beaucoup de nobles sans détruire la tyrannie, parce qu'elle n'est pas seulement l'abus de la puissance royale, mais bien de toute espèce de puissance. Aussi le peuple, qui craignait un maître, en eut bientôt autant qu'il se trouva de fanatiques antiroyaux et surtout d'intrigants qui voulurent s'emparer des assemblées qui se succédèrent.

Après avoir voté des lois qui condamnaient à mort, au nom du Salut public, une partie de la société et le reste à une vie misérable et agitée, ils placèrent les citoyens entre la terreur du retour à l'ancien gouvernement et l'incertitude sur celui qui devait les régir. Qu'on était loin alors du but raisonnable auquel tendaient peut-être quelques bons esprits et combien de fâcheuses métamorphoses l'État devait-il encore subir !

En voyant la République se transformer en Empire héréditaire, on avait cru que Bonaparte s'arrêterait au moment où ses ambitieux désirs avaient été réalisés et on lui savait quelque gré d'avoir rétabli l'ordre dans la société. Mais l'invasion d'Espagne, en prouvant qu'il fondait uniquement sa force sur l'épée et sa puissance sur l'étendue du territoire, fit évanouir les espérances de bien public qu'il avait fait concevoir.

Jusque-là, ceux mêmes qui le détestaient se flattaient qu'il finirait par sentir la grandeur de sa position. Et, malgré la tyrannie qu'il avait exercée sur les assemblées, il était possible de croire que, une fois en paix, les lois prendraient de l'importance, par la nécessité où l'on se trouverait de donner de la régularité à l'action générale du gouvernement.

Mais Bonaparte avait une ambition qui ne dédaignait aucun détail et soumettait tout à sa volonté. En même temps qu'il s'emparait de presque toutes les provinces de l'Europe, il profitait de la ruine des anciens propriétaires de France et, sous le masque de bienfaiteur, il sut les transformer en pensionnaires de son trésor. Créant des fortunes qui devaient lui revenir faute d'enfants mâles, et dont les possessions étaient à sa disposition, il donna le nom de législateurs et de sénateurs à des hommes auxquels il payait des appointements et qu'il assemblait, chaque année, pour signer ses ordres sous le nom de décrets. Puis, nommant les juges et se réservant le droit

de les révoquer, il réduisit la presse à l'emploi
de publier ses ordres ou ses louanges, établit un
système prohibitif qui faisait dépendre l'industrie
de son caprice ou de sa spéciale protection et,
jetant sur l'étendue de son empire un filet tenu
par la main de la police, — filet dans lequel le mys-
térieux confessionnal même était enveloppé[1], —
aucun mouvement n'avait de liberté, aucune
pensée n'avait d'essor. Chaque profession était
flétrie par le cachet de l'esclavage. Les arts ne
pouvaient choisir le sujet de leurs travaux. L'Administration n'était que le mode de sa volonté et,
dans cet asservissement universel, les personnes
jouissant d'un modique revenu, qu'elles ne cher-
chaient point à augmenter et ne se mêlant point
d'affaires, celles enfin que partout on nomme
indépendantes étaient frappées par l'exil, si les
paroles dont elles se servaient dans leurs conversations familières étaient rapportées au maître.

---

1. Partout où Aimée de Coigny rencontre d'aventure les questions religieuses, elle les résout d'un mot, avec les mêmes préjugés
d'ignorance hautaine qui lui feront écrire plus loin : « Cet abbé
avait été moine, par conséquent mauvais prêtre », et parler d'un
cordelier « libertin, ignorant, paresseux, vindicatif et honnête
homme ».

La honte de cette situation était couverte par ce qu'on nommait *gloire française* qui, de toutes les déceptions produites par le génie de Napoléon, peut être regardée comme la plus fatale, puisqu'elle a fait servir des qualités estimables à des résultats funestes.

L'or enveloppé d'un laurier est l'amorce qui a dû séduire un peuple courageux et c'est le moyen dont s'est servi Napoléon pour transformer les citoyens en soldats. Le danger ennoblit tout et il savait que le général d'un peuple de guerriers est un maître absolu contre lequel on ne trouve pas de défense, puisque l'obéissance en ce cas perd ce qu'elle a de vil en prenant le nom de subordination. Alors la terre peut être ravagée par une nation belliqueuse.

Tel est l'état où nous avons vu le monde pendant plus de huit années. Qu'espérer du frein des lois et des idées d'ordre sur un peuple qui est tout entier dans le mouvement d'un homme qui fait sa fortune, et qui ne regarde sa patrie que comme le mince patrimoine laissé par un père dans la détresse à un heureux aventurier devenu millionnaire! C'est ainsi que les Français regardaient la France où ils étaient nés et telle est l'espèce d'ivresse qui les avait saisis sous le nom de gloire. Que de gens probes, vertueux même, n'ont-ils pas été égarés par elle, et qu'il est coupable celui qui, détournant l'héroïsme et les mouvements généreux d'un but honorable, a mis tout un peuple spirituel et sensible dans les habitudes sauvages de la guerre, en lui faisant perdre de vue les motifs pour lesquels il avait secoué le joug monarchique et ne lui a laissé que l'odieux des moyens auxquels il avait eu recours! Ce que je dis là frappait tout le monde sous Napoléon. Maintenant le souvenir s'en efface parce qu'il est de l'essence des petites contrariétés présentes de faire oublier les malheurs passés.

Les souvenirs des guerres entreprises sous la France république ont laissé des traces plus honorables, c'est la seule partie pure de cette époque. Sur les champs de bataille le sang coulait sans crime et les soldats rapportaient au sein de leur foyer, avec de glorieuses blessures, une non moins glorieuse pauvreté; tandis que les nombreuses victoires de l'empereur n'avaient d'autres fruits que d'ajouter au protocole de la vanité une série nouvelle de titres et à la fortune de ses officiers les débris des fortunes particulières de quelques vaincus. Sous la France république on se battait pour rester maître chez soi, et sous la France, devenue empire, on se battait pour devenir maître chez les autres. La différence des principes devait en porter dans les résultats. Aussi l'une de ces guerres a-t-elle laissé dans le souvenir une idée de vraie grandeur, tandis que l'autre, par une revanche qui tôt ou tard devait avoir lieu, nous a réduits à la condition d'un peuple vaincu par les autres peuples dont nous avions outragé l'indépendance.

Mais Napoléon a été dupe lui-même de la gloire militaire, car il s'y est fié. Empereur des Français, reconnu et redouté du monde, il a fait la réflexion qu'il y avait plus loin de la place de sous-lieutenant d'artillerie en 1789 à celle d'empereur en 1804, que de celle d'empereur à la place de maître de l'Europe. Il a voulu l'être, il l'a été, et n'a pu se maintenir parce que les lois seules, lorsqu'elles sont en harmonie avec les besoins des peuples, impriment un caractère de durée aux choses, et qu'il n'y a pas de lois qui puissent unir ensemble et fondre en un seul les intérêts des Allemands, des Italiens, des Espagnols, des Russes et des Français. L'alliance de toutes ces nations, leur bonne harmonie doivent résulter des rapports établis par leurs besoins réciproques. Rien n'empêche que l'Europe entière vive dans l'union d'une famille dont les membres sont indépendants les uns des autres, mais cet accord ne peut avoir lieu sous la main d'un même maître, et c'était ce qu'avaient produit nos victoires, mais ce qu'elles ne pouvaient consolider. C'est cependant le sujet de nos regrets. L'habitude qu'on a laissé prendre à nos dispositions belliqueuses nous fait nommer « fruits de la victoire » cette accumulation informe de pays sans liens réciproques. « Les étrangers tremblaient à notre aspect! s'écrie-t-on avec regret. — Hélas! sommes-nous debout devant eux? pouvons-nous ajouter... »

Mais entrons dans l'année 1811 !

Je demeurais alors chez une personne où j'avais fui des malheurs de plusieurs genres. La place qu'elle occupe dans mon cœur est due à sa conduite amicale avec moi. Ses qualités sont franches

et ses défauts amusants. La princesse de Vaudémont est née Montmorency, de la branche véritable, à ce qu'elle dit. Elle a épousé un prince
de la maison de Lorraine dont elle est veuve. Sa
figure était agréable dans sa jeunesse, elle avait
l'air noble et une belle taille. Sans être romanesque ni galante, elle a eu des amants et, sans
chercher dans la musique les tendres et profondes émotions qui jettent dans une douce
rêverie, elle l'aime avec passion. Madame de
Vaudémont a la hauteur qui fait qu'on s'entoure
de subalternes au milieu desquels elle se montre
à la bonne compagnie qu'elle ne perd point de
vue. Elle a le goût le plus décidé pour la puissance sans songer à y participer; l'intimité des
gens en place lui plaît, n'importe le gouvernement, et les changements lui sont indifférents.
Elle ne demande aux révolutions que de passer
par sa chambre sans s'informer où elles vont
ensuite. L'égalité ne la choquait pas et le ton
demi-théâtral, demi-camarade de la cour de Bonaparte ne lui était point désagréable. Quoique son
salon ait servi aux rendez-vous les plus importants et qu'elle en ait été témoin, elle n'en a

jamais prévu les conséquences : la preuve en est
dans sa surprise lors de l'arrivée du roi et du
retour de Napoléon. Pourvu que ses petits chiens
aient le droit de mordre familièrement les ministres et les ambassadeurs et que son thé soit
pris dans l'intimité par les hommes puissants, le
reste l'occupe peu. Amie zélée et courageuse, ses
qualités se développent lorsqu'il s'agit d'être utile
aux gens qu'elle aime et elle ne manque point
alors de justesse et de prévoyance dans l'esprit ;
mais, dans la vie ordinaire, c'est une fatigue
qu'elle ne prend jamais. On peut regarder sa
maison comme l'asile le plus doux de l'amitié et
le lieu le plus dangereux pour les gouvernements
mal affermis. On y complote en toute sûreté. Les
fauteuils y sont si bons, la vie si agréable et si
niaise que les espions s'y endorment. M. de Boisgelin et moi nous nous en sommes fort bien
trouvés [1].

1. La princesse de Vaudémont avait, il est vrai, un sentiment très
vif de toutes les gloires qui, par naissance ou mariage, se perpé-
tuaient en sa personne, et à certains moments il semblait qu'elle
laissât tomber du haut de dix siècles son regard sur ses contemporains. Plus la noblesse est illustre, plus elle serait sotte d'être
altière, car elle n'a pas à défendre un rang établi par l'histoire. La
princesse s'armait, je crois, de ces dédains contre les révolution-

Le despotisme sous lequel était courbé le monde s'appesantissait et, quoiqu'on pût prévoir qu'un jour il pourrait rejeter violemment ceux qui l'opprimaient, on se croyait séparé par un long intervalle de ce moment, lorsque le départ de l'empereur pour la campagne de Russie vint réveiller

naires contempteurs du passé. Comme un attrait de curiosité la portait vers tous les passants du pouvoir, elle conciliait sa dignité et son plaisir en les attirant chez elle et en rappelant les distances aux familiers qui marchaient sur sa traîne. Si son goût fut « décidé pour la puissance », il ne le fut pas moins pour le malheur. Il lui plaisait que le succès public lui présentât les hommes du jour, mais quand ils étaient devenus ses amis, le succès pouvait se retirer, elle les gardait et, à l'occasion, les servait. Quand Vitrolles, durant les Cent-Jours, fut poursuivi par la police impériale, quand, sous la Terreur blanche, Lavalette fut condamné, la princesse, sans s'inquiéter de leurs opinions et dévouée à leurs périls jusqu'à s'exposer elle-même, sut les défendre contre le roi et contre l'empereur.

Voilà ce qu'Aimée de Coigny aurait pu dire pour être juste. Mais ces belles actions n'étaient pas amusantes à raconter comme les petites faiblesses. Et voilà pourquoi le bien est indiqué en un si sommaire raccourci par celle qui était une parente, une amie, une obligée. D'autres qui n'avaient pas tant de raisons pour être bienveillantes le furent davantage. Dans les *Mémoires sur l'Impératrice Joséphine*, publiés en 1828, par mademoiselle Georgette Ducrest, on lit :

« A Altona, pendant l'émigration, la princesse de Vaudémont, née Montmorency-Nivelle, avait une maison fort agréable. Tous les étrangers distingués s'y faisaient présenter. La princesse n'était point jolie : une taille superbe et des cheveux admirables, des manières nobles, une grande fortune, un beau nom lui attiraient de nombreux hommages et son excellent cœur lui faisait d'aussi nombreux amis. Souvent brusque jusqu'à la rudesse, elle revenait

les plus engourdis et forcer, par l'appareil d'un spectacle extraordinaire, à sonder les vues politiques qui le faisaient agir. Jusque-là on s'était laissé bercer ou éblouir par la fortune et personne ne regardait l'avenir.

Cette indifférence est facile à expliquer. Rien

promptement à son bon naturel et ne refusait jamais de rendre service. Rivarol la comparait à la nature : quelquefois âpre, souvent bonne et toujours bienfaisante. Elle avait recueilli des compatriotes pauvres qui pouvaient oublier auprès d'elle qu'ils n'avaient plus de famille. Elle a continué, à Paris, de mener le même genre de vie : protéger et encourager les arts, consoler et secourir ses amis, voilà ce qu'elle a fait et ce qu'elle fait encore, en un mot elle était digne de son nom de Montmorency. »

Le 2 janvier 1833, le *Journal des Débats* écrivait :

« Madame la princesse de Lorraine-Vaudémont, la dernière des Montmorency de la branche aînée, établie en Flandre, vient de mourir à Paris, à la suite d'une attaque d'apoplexie, dont tous les secours de l'art n'ont pu arrêter les effets. — Dans les temps de troubles politiques où elle a vécu, elle semblait destinée à nous donner le rare et presque unique exemple d'affections indépendantes des opinions. Quand l'esprit de parti rétrécissait tant de cœurs autour d'elle, la hauteur de ses vues égale à celle de sa naissance lui permettait de rendre justice aux hommes dans quelque position qu'ils fussent placés et sa manière de rendre justice était de faire du bien... Naïve et vraie comme une femme du peuple, généreuse comme une grande dame, elle faisait mieux que pardonner, elle oubliait les torts. Elle consolait toutes les douleurs sans ostentation, car elle les comprenait, et sa perte causera à toutes les personnes qui vivaient dans son intimité un déchirement de cœur qui sera le premier mal qu'elle leur aura fait. »

Elle obtint enfin le plus rare des hommages : sa mort fit souffrir Talleyrand. « C'est la première fois que je lui vois verser des larmes », dit Montrond.

ne s'use plus vite qu'un sentiment passionné lorsqu'il a touché le but vers lequel il était poussé. Or, la passion du bien public avait porté, en 1789, à tout sacrifier aux intérêts populaires et fonda cette puissance terrible qui avait anéanti toutes les autres. Le temps fatal, où l'échafaud dressé au nom de la souveraineté du peuple détruisait la race humaine, avait laissé dans les esprits le dégoût des affaires publiques lorsqu'une place n'en imposait pas, pour ainsi dire, l'obligation. Bonaparte a abusé de ce sentiment vertueux, comme de tout, pour établir son pouvoir sans résistance. On se laissait entraîner par une force qui n'inspirait aucune confiance, mais avec une espèce de satisfaction secrète de n'être pas responsable des événements et même de les ignorer. Les victoires jetaient un éclat semblable à celui des éclairs. Quelques gens sages découvraient bien, à leur lueur passagère, le danger du chemin dans lequel on était engagé, mais l'obscurité enveloppait la multitude et l'on marchait sans regarder et sans se soucier de voir où on allait.

Cependant, les préparatifs presque fabuleux que venait de faire l'empereur, en 1812, tirèrent de cet état léthargique. On se demandait « pourquoi ceci » ? Le plus grand nombre, afin d'avoir un motif nouveau d'admirer le héros, quelques autres pour calculer si le colosse de puissance qu'il élevait si rapidement avait une base assez solide pour se soutenir.

A chaque nouveau bulletin nous nous interrogions, M. de Boisgelin et moi, sur notre véritable position et nous ne fûmes pas longtemps avant d'être convaincus de l'inconvénient attaché au gouvernement d'un homme qui avait besoin d'entasser province sur province pour se donner le ridicule plaisir de dater ses ordonnances de toutes les capitales de l'Europe et qui, voyant toujours reculer devant lui le but de ses conquêtes, ressemblait à cet insensé qui mourut de fatigue parce qu'il voulait atteindre la fin de l'horizon qui semblait fuir à mesure qu'il avançait.

Le public voyait avec étonnement succéder une marche rétrograde à celle qui avait conduit à Moscou. L'habitude de la victoire nous avait rendus dédaigneux et froids, mais l'étonnement d'un retour d'armée nous frappait beaucoup. Cette nouveauté paraissait choquante. Semblables en cela aux gens gâtés par la fortune que le plaisir n'amuse plus, mais que la peine humilie et déconcerte, nous étions ennuyés du succès de nos armes et pleins d'humeur de nos défaites.

— Au train dont vont les choses, me dit un jour M. de Boisgelin, le monde va pencher sur nous, et qu'est-ce qui nous soutiendra ? Que ferons-nous de notre héros vaincu ? Et supposé que la France dans laquelle vous et moi sommes nés soit, par la suite, la seule qui nous reste, que feront les Français de leurs habitudes de millionnaires, une fois rentrés dans leur petit patrimoine ? Nous rougirons devant cet homme pour qui nos moindres frontières sont le cours du Rhin, les Alpes. Il n'aura plus la place de signer *Empereur des Français*, cela dépassera notre territoire ; nous n'en aurons plus assez pour porter l'ex-*maître du monde*, point assez d'aliments pour le nourrir, ni d'eau pour le noyer. Il vient de passer la Bérésina, le Don, le Danube, le Rhin, qu'espérer de la Seine ou même de la Loire ?

— Eh bien, lui dis-je, il ne faut plus le garder pour maître ; renonçons à lui et même à l'Empire.

— Retournons en royaume, reprit-il.

— Mais je voudrais bien cependant, repartis-je, quelque chose de neuf. Tout ce qui a été, en fait de puissance, n'a eu qu'une force passagère et tyrannique qu'il faut éviter. La France, érigée en royaume, ressemble à l'évocation de tous les abus arriérés et des sottes coutumes qui ont fini par perdre la vieille machine sociale sans laisser même survivre un regret.

— Je suis entièrement de votre avis, répondit Bruno, et pour vous le prouver, je veux quelque chose de savamment combiné, de fort, de neuf; en conséquence, j'opine pour établir la France en royaume et pour appeler Monsieur, frère du feu roi Louis XVI, sur le trône!

Je pris cette opinion pour une plaisanterie et longtemps je ne l'abordai que comme un sophisme insoutenable. Cependant, M. de Boisgelin y revenait sans cesse et y restait irrévocablement attaché.

Nos contestations d'alors me sont présentes et je vais les rapporter. Elles serviront à expliquer les répugnances, les combats et les hésitations qui existent encore dans beaucoup de têtes.

— Un État, disait M. de Boisgelin, dont la richesse est le résultat de l'envahissement annuel du territoire voisin, doit être détruit quand il n'a plus la force nécessaire pour empêcher les gens dépouillés de reprendre ce qui leur appartient. Et, pour réparer les maux causés par la guerre, pouvons-nous espérer de nos chefs cette noble patience, cette modération qui seraient alors si nécessaires? Il faudrait que le retour forcé de nos généraux par les mauvais hasards des combats fût racheté par une vie domestique qui leur fût chère, et sommes-nous dans ce cas? Les nouveaux nobles auxquels sont confiées les principales fonctions, passés de l'obscurité de leurs premières années à l'élévation du rang et du pouvoir, étant encore dans la croissance de leur fortune, ne peuvent être séduits par l'image paisible des réunions de famille. Cette ressource qui, dans le malheur, porte l'âme à se replier sur ses anciennes habitudes et ramène l'homme froissé par les infortunes au milieu des compagnons de son premier âge et au souvenir de ses pères, peut-elle leur être offerte? Quelle maison, quelles terres donneraient ces consolations à nos

seigneurs actuels? Ils ont des propriétés nouvelles, inconnues, qui ne leur représentent que la
forme matérielle de la part de richesse qu'ils y
ont placée. Leur âme n'est donc point disposée à
supporter ni à réparer l'infortune, mais à la venger. Leur énergie les porterait à de nouvelles
entreprises et la France, qu'ils n'ont pu préserver,
sera détruite par les excès dans lequels ils l'en-
traîneront pour prendre des revanches. Le gouvernement est confié chez nous à des personnes
qui tiennent leurs titres de la victoire et dont les
services sont fondés sur les grandes aventures des
batailles. Une défaite les ruine et leur fait redouter
de ridicules métamorphoses; ils craignent de
reculer dans leur position particulière à chaque
déroute, comme ils ont avancé à chaque triomphe :
car nos grands, espèce d'êtres fantastiques dont
le pied est paysan français et la tête comte, duc
ou roi étranger, frémissent à l'idée de toucher le
sol natal comme si, par cette pression, le prestige
de leur grandeur devait s'évanouir. Quel est celui
qui, en entrant dans l'enceinte de la vieille
France, pourrait s'écrier : « Rien n'est perdu de
ce qui nous appartient, nos lois nous restent et

nous sommes tous chez nous et Français! »
Joachim, le roi de Naples, revient en France, mais
c'est Murat l'aubergiste ; peut-être même le prince
de Suède, mais c'est Bernadotte le soldat ; les
princes de Wagram, les ducs de Dantzig, de Bassano, mais c'est Berthier, l'ingénieur ; Lefebvre,
le soldat aux gardes ; Maret, le commis... Ils voudront ravoir ce qu'ils nommaient *le patrimoine
de leurs enfants* et, comme il est situé chez
l'étranger, ils ruineront la France en efforts pour
l'acquérir. Pas une loi n'inspire le respect et n'est
obéie, rien n'est fondé, aucune institution n'est
passée dans nos mœurs. Comment pourrions-nous
songer à nous relever de nos désastres et à prendre
une attitude digne après nos défaites, en conser-
vant un pouvoir qui se croirait dépouillé, bien
que maître du pays qui faisait l'orgueil de
Louis XIV ?

— Eh bien, lui répondis-je, je consens de grand
cœur à ne plus être soumise à ces maîtres-là et
même je n'en voudrais plus. Pourquoi ne pas ôter
aux choses destinées à nous régir ce vague dont
le monarque fait toujours son profit et pourquoi
ne pas emboîter l'homme destiné à la suprême

magistrature dans des machines légales assez fortes pour résister à nos élans passionnés pour sa personne? Que de fois nous sommes-nous entourés nous-mêmes de liens fatals et honteux en cédant à la reconnaissance pour une action isolée dans la vie d'un homme, devenu de ce jour notre tyran! Je voudrais pouvoir mettre d'accord le besoin de liberté qui existe dans le pays avec l'ordre nécessaire...

Sans savoir précisément où j'allais, M. de Boisgelin m'arrêta par un sourire et me dit :

— Il ne peut être ici question d'un président ni de congrès, comme aux États-Unis. Ces formes-là, qui peuvent convenir en Amérique, où le peuple est encore uni par la guerre heureuse qu'il a soutenue pour sa conservation, n'ont aucun rapport avec les besoins de notre vieille Europe. La terre qu'habitent les colons anglais devenus indépendants en Amérique est séparée du reste du monde et mille fois plus grande qu'il ne faut pour les contenir. Toutes les utopies, qui noircissent le papier chez nous depuis cent ans et qui ont rougi les places publiques, pouvaient s'essayer là, sans inconvénient, où l'espace est immense, le peuple

peu nombreux, jeune, uni, où l'intérêt commun
n'est divisé ni par l'amour-propre ni par les souvenirs. On peut embarquer pendant un siècle
pour ce pays-là tous les rêveurs de nouveaux
contrats sociaux sans inconvénient et sans tirer
la conséquence que leurs plans sont bons pour le
continent européen, quand même ils réussiraient
sur l'autre. Les petites expériences sur les lacs
abrités par des montagnes, au sein des terres,
prouvent peu pour la pleine mer, patrie des vents
et des tempêtes. L'Europe a ses habitudes, ses
besoins établis par une partie de ses souvenirs ;
on ne peut plus lui donner sa robe d'innocence,
mais elle est encore forte et peut fournir une
longue carrière si, en corrigeant les faiblesses de
l'âge écoulé, on respecte le genre de croissance
qu'il a produit. Car le corps des nations, comme
le corps humain, change à chaque période de
l'existence, mais il conserve un caractère primitif
qui est la vie de l'individu. C'est pour avoir
méprisé cette observation qu'on a pensé tout
perdre de nos jours, puisque c'est pour avoir
voulu tuer le passé qu'on a bouleversé pour longtemps l'avenir. Cette manie de *table rase*, pour

établir tout à coup des républicains où vivaient depuis des siècles les sujets d'un monarque, a produit des massacres ; puis un peuple de conquérants renversant tout aux pieds d'un maître. Non, le vieux continent, et surtout la France, ne peuvent pas être gouvernés par un congrès, un président, ni par ces deux ou trois choses simples qui régissent une famille de négociants qui travaillent encore et dont la fortune n'est point finie, car telle est l'Amérique. Il faut ici un gouvernement protecteur des intérêts de tous, où les lois posent les limites des pouvoirs et dont la forme soit monarchique, les rangs distincts. Il faut un gouvernement où la discussion publique soit confiée à deux Chambres qui consentent l'impôt. Que la représentation repose sur la propriété et que cette propriété, plus considérable dans la Chambre des pairs, assure l'indépendance de ses membres dont le titre et les droits doivent être héréditaires. Qu'on parte de partout, à toute heure, j'y consens, pour arriver à ce haut but ; mais que la carrière qui y conduit soit marquée par de grands services et surtout par une grande fortune qui rend bien plus sûrement indépendant toute sa vie que le plus noble caractère, sujet peut-être à des faiblesses. Dans ce gouvernement, dont la liberté doit être le résultat, on établira un trône héréditaire sur lequel sera placée une famille qu'on a eu l'habitude de voir dans l'exercice de la suprême puissance, afin que le respect dont elle doit être l'objet ne soit pas dérisoire, et que tout ambitieux qui se sent de l'audace et du talent ne nourrisse point l'espoir de s'emparer de cette première place.

— Vous abandonnez donc, lui dis-je, toute idée de régence ?

— Je ne l'ai jamais eue, me répondit-il. Ce serait Napoléon le Petit substitué à Napoléon le Grand, et qu'est-ce que le régime de Napoléon pour la France ? L'enfance du monarque est-elle plus rassurante que son âge mûr ? et quand il n'existe ni institutions en vigueur, ni habitudes, qu'est-ce que la succession d'un trône, ou plutôt que serait la résignation du trône de Bonaparte à son fils ? Le trône de Bonaparte est une puissance sans forme ni dimensions, qui s'est élevée par les armes sur les débris des gouvernements éphémères précédents et qui s'étend sur un territoire augmentant chaque année par la volonté d'un chef à qui toute une population armée obéit. Est-ce là une chose qui se lègue? Où sont les frontières de cet héritage? Quel en est le revenu? les moyens habituels de le régir? Nulle part: tout résidait dans la volonté toujours active, toujours croissante du maître. L'enfant de deux ans qui se trouve à sa place détruit cela par sa seule présence, car on ne cède pas une place de conquérant, et une régence ne représente que des usages. Un grand respect, fondé sur une longue habitude, peut seul contraindre le peuple d'obéir à un enfant, parce que c'est la situation où il se trouve qu'on est accoutumé à entourer de vénération. Il est vrai qu'alors on peut espérer que l'action du gouvernement s'adoucira, étant dégagée des passions personnelles du monarque, et que les troubles causés par l'ambition particulière de ceux qui participeraient à la régence, étant renfermés dans le cercle étroit de la cour, n'empêcheraient point de rentrer dans l'habitude d'une bonne administration et de donner force aux lois. Mais pourquoi fonder de telles espérances quand il n'y a ni lois précises, ni habitudes d'aucun genre, sous le règne d'un enfant qui ne représente que son père encore vivant et dont on ne veut plus?

— Peut-être ces considérations-là, lui dis-je, pourront-elles décider à appeler M. le duc d'Orléans !

Quand une fois j'eus dit cette parole, étonnée du chemin que j'avais fait, j'ajoutai :

— Eh bien ! trouvez - vous que je vous cède assez? êtes-vous content?

— Non, certes, me dit-il, vous embrouillez toutes les questions et vous faites de la révolution. Vous prenez un roi électif dans la famille des rois légitimes et vous introduisez la turbulence dans ce qui est destiné à établir le repos. Monsieur, frère du roi Louis XVI, est une chose, c'est une partie de la forme du gouvernement dont la légitimité est une des bases ; mais M. le duc d'Orléans n'est qu'un homme qui ne mérite pas le trône par des services personnels et qu'on n'y placerait qu'en mémoire des crimes de son père.

— Mais enfin, repris-je avec impatience, il ne faut cependant pas nous dissimuler que le roi, que vous demandez afin de terminer les mouvements révolutionnaires, est si blessé par la Révolution, tellement maltraité par elle, qu'il doit l'avoir en horreur ; et que les malheureux émigrés qui l'entourent, s'ils ont la puissance, voudront retourner la roue révolutionnaire dans l'autre sens ; et que, écrasant en toute justice et en conscience ceux qui ont écrasé, ils détruiront la race vivante. Est-ce comme cela que vous entendez le repos et la paix ?

— Où trouveront-ils cette force ? reprit M. de Boisgelin. Croyez-vous que cette roue révolutionnaire dont vous parlez soit si facile à manier et que les bras affaiblis de quelques vieillards qui accompagnent Monsieur soient suffisants pour la mettre en mouvement ? Supposez - vous qu'ils auront en France beaucoup d'auxiliaires pour cette bonne œuvre, et qu'on montera cette machine pour se placer dessous, comme déjà cela est arrivé en 1793 ?

— Oh non ! m'écriai-je. On a pu, alors, être égaré par des sentiments de patrie, de liberté, mais ici il s'agirait de calculer les dates d'émigration, car ce sont là les degrés de pureté de ces messieurs, et certes ce n'est pas enivrant. Malgré cela, monsieur de Boisgelin, je vous le répète, je ne puis me représenter Monsieur et M. le comte d'Artois régnant en France, sans craindre de mettre à la tête du peuple des chefs qui le détestent, dont l'esprit est trop faible pour envisager avec grandeur leur position en sachant la séparer du passé, et dont les bonnes qualités mêmes sont intéressées à la vengeance. Car la mort d'un frère, d'une sœur, de toute une famille assassinée, sanctifiera à leurs yeux le mal qu'ils feront souffrir à leurs sujets, ils seront faux et cruels parce qu'ils sont faibles et sensibles. Monsieur le duc d'Orléans...

— Mon Dieu ! me dit M. de Boisgelin, que vous raisonnez mal ! Ce que vous dites aurait quelque apparence si, dans un moment de repentir et d'élan, le peuple français en larmes se prosternait aux pieds d'un roi bourbon pour lui rendre la couronne en se mettant à sa merci. Je ne répondrais point alors de la cruauté de ses vengeances, parce que je ne me fais garant ni de sa générosité ni de sa force. Mais je ne parle que d'une combinaison d'idées dans laquelle la légiti-

mité entrerait comme le gage du repos public,
qui mettrait le peuple à l'abri des mouvements
que cause l'ambition de parvenir à la suprême
puissance et d'une forme de gouvernement dans
laquelle le trône ayant une place assignée, légale
et précise, se trouverait partie nécessaire du tout,
mais serait loin d'être le tout. Je demande que la
représentation française se compose de deux
Chambres et du trône et que, sur ce trône, au
lieu d'un soldat turbulent ou d'un homme de
mérite aux pieds duquel, — comme vous l'avez
bien observé, — notre nation, idolâtre des qualités
personnelles, se prosternerait, je demande, dis-je,
qu'on y place le gros Monsieur, puis M. le
comte d'Artois, ensuite ses enfants et tous ceux
de sa race par rang de primogéniture : attendu
que je ne connais rien qui prête moins à l'enthousiasme et qui ressemble plus à l'ordre numérique que l'ordre de naissance, et conserve davantage le respect pour les lois que l'amour pour le
monarque finit toujours par ébranler. Mon *roi
légitime*, comme je l'entends, aura beau vouloir
venger ses vieilles injures, rétablir le pouvoir
absolu de ses pères : serré dans la machine légale

dont il ne sera qu'une partie, ses volontés *comme individu* n'auront aucune puissance. Ainsi je m'inquiète peu, comme vous voyez, de l'union qu'il pourrait y avoir entre ses bons sentiments et ses mauvaises actions. M. le duc d'Orléans, qui n'a pas un de ces avantages, serait le choix le plus absurde qui pourrait venir à la pensée; ce serait couronner les plates intrigues de son père, établir une guerre civile, retremper les faulx de la Vendée, aiguiser les piques des faubourgs et reprendre enfin les querelles violentes et sanglantes du commencement de la Révolution. Bonaparte ou le frère de Louis XVI, voilà où est la question, car c'est là seulement que se trouve la différence. Le premier a été maître du monde et tentera toujours de le redevenir. Le second peut prendre, sans humiliation pour les Français, le sceptre du roi de France dans le territoire qui composait le royaume de ses pères : les Français peuvent le redemander sans honte pour remplir la place assignée par une loi que des assemblées nationales sanctionneront.

— Je crois que je vais être de votre avis, dis-je un jour à M. de Boisgelin, et que je laisse glisser

M. le duc d'Orléans parmi les usurpateurs. Alors,
je vous avoue qu'il me semble un peu terne : il
a le malheur d'avoir un père qui a désavoué le
sien, qui a condamné son parent à mort et il
porte comme livrée de ses laquais les trois couleurs dont nous avons fait depuis tant d'années la
livrée de la gloire. Le pauvre usurpateur que cela
fait et dans quelle fausse position, pour monter
sur un trône, se trouve l'homme que les uns
appelleraient parce qu'il est le fils de l'assassin
d'un Bourbon et les autres parce qu'il est parent
d'un Bourbon ! Vous avez raison : ou Bonaparte,
ou le frère de Louis XVI. Eh bien, vive le roi !
puisque vous le voulez. Mon Dieu, que ce premier
cri va étonner ! On dit qu'il n'y a que le premier pas qui coûte : le premier mot à dire sur
ce texte-là est bien autrement difficile.

— Bah ! reprit M. de Boisgelin, vous êtes
embarrassée de tout maintenant. Rappelez-vous
donc ce que Monsieur a été dire à la ville, au
commencement de la Révolution ; vous tournerez
encore quelques bonnes têtes avec cela.

— Vous avez raison, lui répondis-je, il faut
faire des recherches sur les torts de Monsieur

envers sa famille quand son ambition lui faisait prendre des masques révolutionnaires. N'a-t-il pas fait pendre le marquis de Favras? ce sera peut-être excellent. Allons « vive le roi » !...

M. de Boisgelin, enchanté de ce cri, avait l'air rayonnant. Je lui ris au nez en songeant au temps qu'il lui avait fallu pour acquérir à son parti une seule personne, pauvre femme isolée, ayant rompu les liens qui l'attachaient à l'ancienne bonne compagnie, n'en ayant jamais voulu former d'autres et étant restée seule au monde ou à peu près.

— Vous avez fait là, lui dis-je, une belle conquête de parti. C'est comme si vous aviez passé une saison à attaquer par ruses et enfin pris d'assaut un château-fort abandonné au milieu d'un désert !

— Je ne suis point de cet avis, me répondit M. de Boisgelin, ce fort-là nous sera utile ; j'en nomme M. de Talleyrand commandant ; et je suis bien trompé si l'ennemi commun, succombant sous ses propres folies, le pays ne peut se sauver par la sagesse de M. de Talleyrand.

J'ouvris l'oreille à cette parole. La bonne opi-

nion que Bruno montrait de M. de Talleyrand me
flattait beaucoup parce qu'elle était mon ouvrage.
En effet, je l'avais trouvé rempli des préjugés que
les émigrés conservaient contre l'évêque d'Autun,
prenant sa conduite par le côté des petites considérations, lui reprochant ses changements de forme,
même de fortune, sans songer que le terrain sur
lequel il s'était trouvé avait changé bien plus souvent que lui et que, ayant toujours été actif dans les
événements, il s'était servi de son influence pour
en modérer l'action et pour les diriger autant
que possible vers un ordre de choses où l'espérance d'une amélioration devient probable. « Si
le roi veut se perdre, je ne me perdrai pas »,
avait dit l'évêque d'Autun à M. le comte d'Artois,
après lui avoir remis un plan pour arracher
Louis XVI aux mains des révolutionnaires, lorsque les assemblées étaient à Versailles. Ce plan,
qui avait effrayé le faible et malheureux monarque, ne fut point accepté. L'abandon que fit
alors l'évêque d'Autun de sa robe de prêtre a été
l'unique fait qui l'ait allié aux révolutionnaires.
Cette action, dans laquelle eut peut-être plus de
part la répugnance qu'il avait ressentie pour l'état

ecclésiastique que la prudence, lui a donné le droit de dire *nous* aux faiseurs de révolution et lui a laissé quelquefois jusqu'à un certain point la faculté de les diriger. S'étant enfui de France au moment où la démagogie furieuse la dépeuplait, il y revint et rentra dans les affaires sous le Directoire. Uniquement occupé, comme je viens de le dire, d'apaiser les violences, il ralentissait autant qu'il le pouvait la marche du démon populaire auquel était attaché le char de l'État, qu'il tâchait de faire verser le plus doucement possible à chaque chute causée par son allure irrégulière et convulsive. Essayant de faire toujours reculer dans la carrière de la révolution, il se liait avec ceux qui *ne juraient que par une lettre, tandis qu'on jurait par une autre,* comme il le disait alors [1].

1. Très peu de temps après que M. de Talleyrand fut nommé ministre sous le Directoire, entrant un soir chez le directeur Barras, où étaient réunis ses collègues, l'ordre fut donné aussitôt de fermer les portes et, les yeux se dirigeant sur M. de Talleyrand qui était resté debout, Barras, après un petit moment de silence, lui dit : « Citoyen, votre intime liaison avec le citoyen Lagarde, notre secrétaire, cause de l'inquiétude ; nous attendons que vous nous en expliquiez les motifs. — Volontiers, reprit M. de Talleyrand, je demande seulement à les écrire. » Il s'approcha de la table du Conseil, écrivit et remit le papier à Barras qui lut tout haut ce qu'il contenait et que voici : « C'est que lorsque vous dites f..., Lagarde ne dit que sacr..... » — *Note d'Aimée de Coigny.*

Voyant avec joie le centre de l'autorité se restreindre et se fortifier des cinq Directeurs jusqu'à un Premier Consul, puis jusqu'à un Empereur, il espérait qu'un chef militaire ferait sortir le peuple des habitudes d'insubordination et qu'il l'accoutumerait à l'obéissance aux lois par le respect pour la discipline. Mais bientôt les leçons d'obéissance profitèrent plus qu'il ne voulait; les farouches républicains devinrent tout à coup les esclaves d'un despote et la gloire enchaîna l'indépendance nationale! Le passage fut si rapide qu'il ne laissa pas le temps à la prévoyance, car, entre la France maîtresse reconnue du pays enclavé entre le Rhin, les Pyrénées, les Alpes, et l'Empire français engloutissant le monde, l'intervalle fut à peine aperçu.

M. de Talleyrand, qui avait été accusé par les républicains de vouloir soumettre l'État à un maître, fut accusé, sous l'empereur, de ne point être soumis au maître, et l'empereur fut indigné de la résistance qu'il fit paraître dans le Conseil quand il fut question de l'envahissement d'Espagne. Il l'éloigna et lui ôta la charge de grand chambellan et lorsque, au retour de Moscou, il crut en avoir besoin, aucune cajolerie, aucun ordre ne purent le ramener. Napoléon, convaincu que la considération dont M. de Talleyrand jouissait dans les pays étrangers pouvait lui être utile, lui offrit de reprendre le portefeuille des affaires étrangères. L'ancien ministre, en le refusant, lui dit :

— Je ne connais point vos affaires.

— Vous les connaissez ! reprit Napoléon en courroux, mais vous voulez me trahir.

— Non, repartit M. de Talleyrand, mais je ne veux pas m'en charger, parce que je les crois en contradiction avec ma manière d'envisager la gloire et le bonheur de mon pays.

Telle était la position, en 1812, de M. de Talleyrand. Pourquoi s'est-il mêlé des affaires publiques dans les temps révolutionnaires? dira-t-on peut-être. Parce qu'il a vécu dans ces temps-là ; que ses talents, son esprit le poussaient aux premiers emplois ; que son amour pour son pays trouvait à s'exercer plus utilement en mettant la main à la manœuvre pendant la tempête qu'en les levant au ciel pour l'implorer comme ont pu faire les *purs*, c'est-à-dire les *fainéants du siècle*. Ces bras élevés au ciel pendant le danger n'ont été secourables que sous Moïse et qu'une seule fois ; il est excusable d'essayer à s'en servir différemment dans le péril. Il était en butte à la malveillance de tous les esclaves du maître, épié jusque dans la chambre la plus intérieure de sa maison, toutes ses paroles commentées par les flatteurs de Maret et répétées par celui-ci à Bonaparte, qui était combattu entre le désir de le perdre et la crainte d'avoir l'air de le croire trop considérable en s'en défaisant. C'est à cette hésitation que M. de Talleyrand doit la vie et aux sentiments d'amitié que lui portaient plusieurs de ceux qui entouraient Napoléon : MM. de Caulaincourt, Flahaut, et même à la modération du duc de Rovigo.

— Si M. de Talleyrand est comme vous me l'avez dépeint, continua M. de Boisgelin, dans la conversation que j'ai indiquée ci-dessus, pourquoi n'exécuterait-il pas ce qui, je n'en puis douter, doit produire le bien de la France ?

— C'est qu'il est probable, lui dis-je, que, s'il déteste l'empereur par les mêmes raisons que vous le haïssez, il n'a pas la même manière de voir sur les Bourbons.

— N'importe, reprit Bruno, allez chez lui souvent.

Le temps était beau, presque tous les matins je faisais des courses à pied à la fin desquelles j'entrais chez M. de Talleyrand. Je le trouvais souvent dans sa bibliothèque, entouré de gens qui aimaient ou cultivaient les lettres. Personne ne sait causer dans une bibliothèque comme M. de Talleyrand : il prend les livres, les quitte, les contrarie, les laisse pour les reprendre, les interroge comme s'ils étaient vivants, et cet exercice, en donnant à son esprit la profondeur de l'expérience des siècles, communique aux écrits une grâce dont leurs auteurs étaient souvent privés. Je me rappelle avoir alors entendu lire par M. de Talleyrand le « Dialogue du maréchal d'Hocquincourt et du Père Canaye » par Saint-Evremont, devant M. Molé. La figure sérieuse de ce dernier lui donnait l'air d'un sot malgré ses grands yeux noirs, qu'il a chargés tout seuls, — parce qu'il a les dents gâtées, — de donner du mouvement et de l'esprit à sa physionomie. L'introduction de Saint-Evremont dans notre petite coterie déconcerta celui qui s'était arrangé pour ne jamais rire

et qui, pour s'en dispenser, écouta la chose en
pédant et en me montrant sa surprise que je ne
connaissais pas ce morceau. Je ne sais pourquoi
je m'amuse à glisser ici ce burlesque souvenir,
mais il y restera.

Quand nous étions tête-à-tête, le maître de la
maison et moi, nous nous laissions aller à notre
indignation contre la tyrannie et l'avide ambition
de Bonaparte. Je ne me livrais encore qu'aux
imprécations, car je n'osais hasarder mes vœux.

Après les horreurs de 1793, avant que les rangs
de la société se fussent reformés, le nom d'artiste
étant le seul dont la vanité pût se parer, était
devenu à la mode et finit par devenir aussi commun et aussi ridicule que celui de marquis sous
Louis XIV. Les porteurs de palettes et de toges
théâtrales, dans les années 1814, 1815, 1816 et
suivantes, auraient pu fournir à Molière d'aussi
bons modèles pour peindre les mêmes vices, que
les porteurs de talons rouges de son époque. Car
les passions des hommes de tous les temps sont
les mêmes et le moule seul où elles sont jetées
diffère selon les siècles. Ce petit préambule est
nécessaire pour arriver à la société de mesdames

de Bellegarde, où je me trouvais fréquemment et
dans laquelle fut amené M. de Talleyrand.

Mesdames de Bellegarde[1], nées aux Marches,
château situé en Savoie, vinrent à Paris en

1. Mesdames Adélaïde-Victoire et Aurore de Bellegarde sont un
exemple des déchéances où la philosophie du xviiie siècle entraînait la femme et de l'irréparable tort fait aux grandes dames
sceptiques par cette étrange sagesse qui leur apprenait à gâter leur
vie. Adélaïde-Victoire, mariée à un cousin de son nom, était des
premières en Savoie par le rang et la fortune lorsque, à la fin de
1792, la province fut envahie par les Français. La nature, la
langue, les habitudes rattachaient la Savoie à la France; le sentiment de cette solidarité était dans la conscience populaire;
comme toute la province, madame de Bellegarde applaudit à
l'annexion. Mais ce n'était pas l'achèvement d'une œuvre historique et nationale qui excitait son enthousiasme : c'étaient les idées
nouvelles, révolutionnaires, internationales, qui, par-dessus toutes
les frontières, allaient se répandre pour la délivrance de tous les
peuples et le bonheur de l'humanité. L'un des apôtres envoyés
par la Convention pour prêcher l'évangile des philosophes était
Hérault de Séchelles, beau, élégant, et qui mettait toute la grâce
de l'ancien régime à coiffer le bonnet rouge. Adélaïde de Bellegarde
abandonna mari et enfants pour suivre en France le député.

Peu après, Hérault de Séchelles périt avec Danton. Adélaïde de
Bellegarde se laissa distraire de sa douleur par les événements,
d'abord tragiques, mais où peu à peu les vices prenaient le pas
sur les crimes, et se plut aux transformations de cette société qui,
dix ans après le *Ça ira* des sans-culottes, chantait les romances des
Incroyables. L'Orphée du jour était Garat: l'on ne sait ce qui excitait le plus d'enthousiasme, son talent extraordinaire ou ses ridicules infinis. Adélaïde se laissa prendre à cette gloire et tomba
d'Hérault en Garat.

A Aurore manquait aussi le sens moral. Sa vie fut décente,
mais elle servit de demoiselle de compagnie à toutes les aventures
de sa sœur. Elle était du voyage quand Adélaïde quitta la Savoie et
son mari. Elles eurent une vie commune et la même demeure.

1793, année de la réunion de leur pays à la
France. Elles étaient contentes de devenir Françaises, et ce que cette époque avait de désastreux
frappait à peine des étrangères sans parents, sans

L'affection d'Aurore était sans exigences pour la dignité de sa
compagne. Pourvu qu'elle fût près de sa sœur, elle ne s'inquiétait
pas de ce que sa sœur faisait : elle semblait considérer les légèretés
comme si naturelles que la correction de sa propre vie prenait des
airs non de vertu, mais d'inconséquence. Elle avait même le
langage des mœurs faciles. Et madame de Rémusat, parlant, dans
ses *Mémoires*, du salon de Talleyrand, écrit: « On y rencontrait
la duchesse de Fleury, fort spirituelle, et mesdames de Bellegarde, qui n'avaient dans le monde d'autre importance que celle
d'une grande liberté de conversation. »

M. Ernest Daudet vient de faire des recherches sur elles, les
trouvant mêlées à la vie d'Hérault qu'il étudie. Un livre qu'il prépare ne laisse pas même à Aurore sa réputation de demi-vierge.

Voilà, fort médiatisées par leurs fautes, ces presque princesses.
Combien le poids de ces fautes s'appesantit plus lourdement encore
sur d'autres destinées que M. Paul Lafond raconte! Deux enfants,
un fils et une fille, sont nés du commerce entre Adélaïde et Garat.
Ils s'élèvent « selon la nature », sans principes religieux qui leur
auraient fait honte de leur origine, mais avec toute la vanité de
leur père pour s'enorgueillir du sang illustre qu'ils tiennent de
leur mère. Le moins malheureux est le fils de la grande dame
révolutionnaire : il annoblit son Garat, y ajoute de Chenoise, sert,
dans les gardes du corps, Louis XVIII et Charles X, démissionne en
1830 et meurt en 1837. La fille, après avoir épousé un percepteur
des Pyrénées, Paul Soubiron, regagne Paris à la mort de son mari,
se fait appeler Soubiron-Garat de Bellegarde, loge ce grand nom
dans un petit appartement où elle console la médiocrité de ses
revenus par la noblesse de ses origines, cultive avec un orgueil
filial les amis de son père le chanteur, et après ce long effort pour
conquérir un rang social, tout à coup, en 1882, se dérobe à toutes
ses relations pour finir, volontairement séquestrée, ses derniers
jours en compagnie d'un infirmier.

habitudes, dont la jolie figure, la jeunesse plaisaient à tous les yeux, et qui, réfléchissant peu sur les mesures publiques, n'avaient personne ni aucune chose à regretter. M. Hérault, le député avec lequel elles étaient venues en France, périt bientôt après ; mais elles le voyaient depuis si peu de temps que, malgré le vif attachement qu'il leur avait inspiré, le regret, très vif aussi, qu'elles en ressentirent fut bientôt calmé. Elles ont passé quelques mois en prison, mais ont été traitées avec douceur, et c'est même là où elles ont commencé des liaisons de société. Rien ne leur faisait donc partager le deuil commun, et cette première indifférence, quand tout le monde dans le pays répandait des larmes, a imprimé sur elles une singularité qui ne manque pas d'un certain attrait piquant, mais qui repousse l'attachement et la confiance. N'éprouvant pas ces haines passionnées qu'on ressent contre ses persécuteurs, leur porte était ouverte à tout le monde, et leur curiosité pour voir les personnes célèbres de cette époque n'étant arrêtée par aucune répugnance, on peut se figurer les gens qui sont entrés dans leur chambre ! Mesdames de Bellegarde sont du petit nombre des personnes qui, en 1794, ont eu le courage de tirer les matériaux de l'ancienne société du chaos sanglant où ils étaient tombés et qui ont contribué à édifier la nouvelle. On doit même ajouter que ces matériaux se sont nettoyés chez elles, quoiqu'elles ne soient jamais arrivées à les ranger en ordre. En effet, on a rencontré dans leur maison, séparément et ensemble, les éléments les plus opposés. Mais le fond de leur société est resté le même, composé d'artistes et de gens de lettres.

La vicomtesse de Laval, je ne sais pourquoi ni comment, vint à connaître mesdames de Belle-garde et elle en fit aussitôt ses esclaves, ce qui n'étonnera personne de ceux qui connaissent la vicomtesse. Elle est vieille maintenant, mais son esprit et ses yeux conservent encore un charme plein de jeunesse. Elle a tourné quelques têtes, ne s'est pas refusé une fantaisie, s'est perdue dans le temps où il y avait des couvents pour donner un éclat convenu à la honte des maris, et n'a évité cette retraite que parce que son beau-frère, le duc de Laval, a substitué le plaisir de l'affi-cher à celui de la punir par ce moyen. Je ne sais qui a dit que la réputation des femmes repousse comme les cheveux, la sienne en est la preuve. Maltraitée par les femmes considérables de son temps parce qu'elle traitait trop favorablement leur mari ou leurs amants, le divorce, qu'elle a subi et non demandé, l'a réconciliée avec les plus prudes. Changeant d'amant presque autant que d'année, cette habitude s'est établie en droit et celui de prescription à cet égard était dans toute sa vigueur lorsqu'elle s'est logée dans la même maison que le comte Louis de Narbonne, quoiqu'il fût marié. Les femmes les plus sévères vont chez elle *parce que* le souvenir des torts de sa jeunesse est effacé ; elle était flattée des faveurs que l'empereur Napoléon répandait sur M. de Narbonne, son aide de camp, *parce que* les sourires de la fortune sont toujours agréables ; sa chambre était remplie de la bonne compagnie d'autrefois, *parce qu'*elle déteste la Révolution ; elle est difficile sur la conduite des femmes, *parce qu'*une certaine sévérité sied bien à son âge ; et, avec ces motifs pour chacune de ses actions et cette inconséquence générale pour toutes, elle est la plus piquante, la plus gaie, la

plus absolue, la plus aimable et la moins bonne
des femmes. Maîtresse de M. de Talleyrand quand
elle était jolie, actuellement son amie très exigeante, c'est la seule au fond qui ait de l'empire
sur lui [1].

1. Catherine-Jeanne Tavernier de Boullongne était fille d'un
trésorier de l'extraordinaire des guerres. Née en 1748, elle épousa,
le 29 décembre 1765, Mathieu-Paul-Louis vicomte de Montmorency-Laval, qui était de son âge. Présentée à la cour le 25 février
1766, elle sut, à une époque où l'on ne se scandalisait plus, se faire,
par l'éclat de ses désordres, une réputation, et tous les contemporains confirment le témoignage d'Aimée. Comme c'est l'ordinaire, le mari avait été le premier artisan de ses malheurs. Agité
de tics nerveux qui tiraient son visage et mettaient du désordre
et de l'involontaire dans les gestes, affligé d'une voix qui était un
ridicule, il avait plus qu'un autre besoin de rendre ses droits res-
pectables à sa compagne par la sainteté du lien conjugal. Mais le
vicomte mettait une élégance à être « philosophe ». Sa femme apprit
de lui à ne croire rien qu'au plaisir. Elle trouva bientôt qu'il ne
suffisait pas pour ces leçons, et lui donna sujet d'être philosophe
plus qu'il n'eût souhaité. Elle parut, par avancement d'hoirie,
transmettre tout ce qu'elle avait de vertu à ses deux fils, Mathieu
de Montmorency, le plus chrétien, le plus exemplaire des laïques,
et Hippolyte, le plus régulier des abbés : ses comptes ainsi réglés
avec le bien, elle prit, la conscience légère, du bon temps.
D'ailleurs, elle fut une preuve que les plus passionnées ne
sont pas toujours les plus sensibles. Elle s'était attaché M. de
Narbonne longtemps avant qu'il se liât avec madame de Staël.
Celle-ci, au moment de la Terreur, fit les plus généreux efforts pour
disputer tout ce qu'elle put de suspects à la guillotine. Elle ne
réussit pas à délivrer l'abbé Hippolyte, qui fut exécuté à Paris.
Mais, grâce aux faux passeports qu'elle envoyait de Suisse, elle
sauva madame de Laval, son fils Mathieu, les recueillit à la Rive.
Elle y reçut aussi M. de Narbonne, échappé de France grâce à
elle. La présence de M. de Narbonne fit oublier à madame de

L'intérieur de cette petite chambre de madame de Laval, donnant à M. de Talleyrand l'assurance que le lien qui le tenait à la bonne compagnie n'était pas rompu, rassurait sa conscience. N'ayant

Laval ce qu'elle devait à madame de Staël, et la gratitude s'enfuit devant la jalousie. L'empire qu'elle sut reprendre, et pour ne plus le perdre, sur M. de Narbonne la laissa irritée et vindicative. En 1802, M. de Barante fut le témoin de ces sentiments. Il dit :

« Je me remis à voir souvent les anciens amis de mon père. M. de Narbonne, qui avait été fort lié avec lui, m'accueillait avec la bonté et la grâce qui le rendaient si aimable. Il demeurait dans une petite maison de la rue Roquépine avec la vicomtesse de Laval. Après l'avoir quittée un instant, il était revenu à elle pour ne plus l'abandonner. Sa femme vivait à Trieste avec la duchesse de Narbonne, sa mère. Le vicomte de Laval existait encore. Au lendemain de la Révolution, qui avait dispersé la société française et même les familles, ce ménage ne paraissait singulier à personne. M. de Narbonne me présenta à madame de Laval ; elle était spirituelle sans nulle bienveillance. Fort jolie autrefois, elle avait au moins cinquante ans. Sans être assidu dans son tout petit salon, j'y allais de temps en temps et je me plaisais à ses entretiens, en général commérages élégants, remplis de souvenirs de la cour, racontés d'une manière piquante. M. Mathieu de Montmorency se trouvait habituellement chez sa mère.

» Parmi les très nombreuses aversions de madame de Laval, madame de Staël tenait le premier rang. Le roman de *Delphine* venait de paraître, de sorte que la critique du livre et les épigrammes contre l'auteur étaient un thème de conversation. Je ne connaissais pas encore madame de Staël. Un an après, lorsque je revins de Coppet, où elle m'avait reçu avec bonté, où j'avais vécu dans sa société, où je m'étais lié avec ses amis, je pensais que je ne devais pas l'entendre ainsi déchirer. Il ne pouvait m'appartenir, à mon âge, de la défendre et d'élever une contradiction, mais il me semblait que M. de Narbonne manquait un peu à la perfection de son bon goût en admettant cet épanchement de haine. Petit à

point de crime à se reprocher, ses fautes lui semblaient plus légères quand il acquerrait la preuve
qu'elles ne l'avaient point détaché de ceux qui,
seuls, pouvaient les trouver choquantes.

petit je cessai d'aller chez madame de Laval. » — *Souvenirs*,
t. Ier, pp. 88-89.

Voilà bien des laideurs : la méchanceté de madame de Laval, la
complicité de M. de Narbonne, et plus encore la tolérance universelle pour la publique immoralité de leur double adultère. Car, à
la fin de l'ancien régime, l'audace du désordre était admise. Le
chancelier Pasquier raconte en ces termes ses débuts dans le
monde : « L'oisiveté, le besoin d'argent avaient amené de nombreux
scandales. Il me suffira de dire que, quand je suis entré dans le
monde, j'ai été présenté en quelque sorte parallèlement chez les
femmes légitimes et chez les maîtresses de mes parents, des amis
de ma famille, passant la soirée du lundi chez l'une, celle du mardi
chez l'autre, et je n'avais que dix-huit ans et j'étais d'une famille
magistrale ! » — *Mémoires*, t. Ier, p. 48.

Quand on s'étonne que cette aristocratie ait offert si peu de
résistance au premier choc des événements, il faut penser à cette
corruption. Il n'y a jamais d'énergie où il n'y a plus de mœurs.
L'extraordinaire fut que la caste mutilée gardât tout entiers ses
vices et se fît des changements révolutionnaires autant de ressources pour recommencer avec plus de sans-gêne l'ancienne vie. Les
débris d'émigration qui se rejoignent sous le Consulat ne recons-
tituent pas des familles, ils assemblent des fantaisies. Les doctrines du vicomte de Laval ont gâté sa vie conjugale, mais lui ont
permis de la rompre. Il a demandé et obtenu le divorce contre
sa femme, et s'est remarié. Les cinquante ans de madame de Laval
ne trouveraient plus, fussent-ils assagis, à s'abriter sous un toit
conjugal. Ils cherchent un asile définitif sous le toit d'un ancien
amant. La Terreur a jeté madame de Narbonne à Trieste ; la
sécurité revenue, M. de Narbonne ne songe pas à se rapprocher
de sa femme, mais à la laisser où elle est et à vieillir à Paris
avec la femme d'un autre. M. Mathieu de Montmorency, le fils
d'une des plus illustres maisons de France, n'a pas de foyer, bien

La cour de Bonaparte n'offrait point de repos ni d'agrément, remplie comme elle était de gens occupés de leurs affaires, les faisant bien, prenant tout au sérieux, affrontant les dangers, mais ne sachant point en rire et employant tous leurs moments parce qu'ils ignoraient comment on peut les perdre. Cette manière de vivre *positive* est insupportable pour ceux qui ont goûté du *savoir-vivre* d'autrefois, composé de *nuances*, d'*à peu près*, et d'un *doux laisser-aller*, où la gaieté, la plaisanterie, la molle insouciance berçaient la moitié de la vie. *Laisser couler le temps* était une façon de parler habituelle et familière qui est

que son père et sa mère vivent encore. S'il les jugeait, il oublierait le respect qu'il leur doit. Il est réduit à les comparer : qu'était donc le père, pour que le fils préférant une telle mère, consentît à vivre entre elle et M. de Narbonne ?

Il y a cent ans, de telles impudeurs n'offensaient pas l'élite destinée, croyait-elle, à conduire la société, et s'offraient aux regards de la petite bourgeoisie et du peuple encore sains. Au cours du siècle, cette élite a réappris la décence et la foi, mais, tandis qu'elle se réformait, le mauvais exemple donné d'abord par elle descendait peu à peu. Aujourd'hui il gagne la multitude, devenue à son tour maîtresse de cette société, et qui met en lois, contre le mariage et la famille, les anciennes mœurs des hautes classes.

La vicomtesse de Laval vit commencer, indifférente, ces changements, survécut jusqu'en 1838 à la plupart de ses affections, légitimes ou non, et il est vrai que l'égoïsme prolonge les jours, puisqu'elle dépassa quatre-vingt-dix ans.

presque bannie de la langue. M. de Talleyrand
avait besoin de dire et d'écouter quelques paroles
sans suite et sans conséquence pour se reposer de
celles toujours écoutées et comptées qui se prononçaient à la cour. Ce fut, je crois, ce qui
éveilla en lui la curiosité de connaître la société
de gens de lettres et d'artistes qui se trouvait
chez mesdames de Bellegarde, qu'il connaissait
depuis quelques années. Madame de Laval convint
avec elles qu'on se réunirait, une fois la semaine,
à un dîner où se trouveraient MM. Lemercier,
Gérard, Duval[1].

Ces dîners eurent lieu pendant quatre ou cinq
années. Je m'y rendais : le ton froid de M. de
Talleyrand avait commencé par y répandre une
telle contrainte que je formai le projet de m'en
retirer, mais, petit à petit, on s'accoutuma ensemble
et on finit par se convenir.

1. Gérard était le grand peintre, Alexandre Duval un de ces auteurs
dramatiques traités par la fortune un peu comme les acteurs, et
pour lesquels une exagération de succès éphémères précède un
excès d'oubli définitif. Il était alors à la mode, sur le seuil de l'Académie française où il entra en 1816, et certes ne prévoyait guère,
car il avait la vanité sensible, que, de toutes ses pièces, la plus
durable, la seule survivante serait *Joseph*, grâce à la musique de
Méhul.

M. Lemercier animait la conversation par la brillante légèreté de son esprit. Son caractère noble et ferme sied à ses discours comme à ses actions et rend ses sentiments communicatifs ; aussi l'empereur redoutait-il jusqu'à sa gaieté, car elle captive la confiance, quoiqu'elle soit pleine de sel.

M. Gérard n'inspire pas la même sécurité ; mais son esprit, comme son talent, est brillant et plein de finesse. Il abonde en saillies ingénieuses et force à un exercice d'esprit à la fois agréable et amusant qui ressemble un peu à l'escrime ; pour se mettre en garde contre les railleries, on fait sortir de son propre fonds le mouvement et l'adresse qui doivent en garantir, et cette émulation ne manque pas d'un certain charme.

Quant à M. Duval, content d'avoir écrit quelques opéras-comiques fort gais, deux ou trois comédies où le dialogue ne manque pas d'esprit, il se croit quitte envers la postérité, le temps présent, la gaieté et l'esprit ; il est, en conséquence, le plus insignifiant et le plus muet des hommes [1].

1. « Il vient de donner, en 1817, une comédie sous le nom de *la Manie des Grandeurs*, dont j'avais entendu, il y a dix ans, la

Nous l'eûmes bientôt banni de notre petite réunion où il avait trop l'air de l'imbécile sultan devant lequel viennent en vain, pour l'émouvoir, se prosterner le talent, le savoir et la gaieté. Délivrés de lui, nous restâmes fort bien partagés entre la grâce piquante de madame de Laval, le doux murmure de conversation de mesdames de Bellegarde, ma bonne volonté de plaire et de m'amuser, et le charme inexprimable que M. de Talleyrand sait répandre quand il n'enveloppe point cette qualité dans un dédaigneux silence. Ce fut dans ces réunions que je contractai l'habitude de M. de Talleyrand et la familiarité nécessaire pour pouvoir lui parler de tout sans conséquence et sans embarras.

Dans les vieilles monarchies, il y a une manière d'être, un ton de société, plus ou moins

lecture sous celui de *l'Ambitieux*. Il n'y a de comique dans cette pièce que son succès parce qu'il prouve que nos formes politiques n'ont pas la durée nécessaire pour qu'un poète fabrique une pièce. Celui que M. Decazes, ministre actuel de la police, veut nous faire regarder comme un gentilhomme ultra, était calqué sur M. le comte Regnault de Saint-Jean-d'Angély, qui alors empêcha la police d'accueillir cette pièce. Il doit sourire maintenant du genre d'application qu'on cherche à faire d'un rôle qu'il n'aurait peut-être dédaigné dans aucun temps s'il avait prévu qu'il en viendrait un où il se ferait prendre pour un gentilhomme. » — *Note d'Aimée de Coigny.*

nuancé par la distance où l'on se trouve de la cour, que l'on cherche à imiter dans tous les états. Après notre Révolution où rien n'a d'ensemble, où aucune habitude n'est enracinée, tout est encore dans le désordre et l'on rencontre encore d'anciens grands débris près d'édifices naissants. Ce qu'on appelait le ton du monde se ressentait de cette situation : les manières de la cour, celles de quelques vieux salons, restes de l'ancienne bonne compagnie, et les lieux où l'on prodiguait les égards en raison de l'esprit et du talent étaient aussi éloignés que s'ils avaient appartenu à trois peuples différents. Ils ne tendaient même point à se réunir, car il semblait qu'il manquât d'un lien pour les rapprocher, comme il manquait d'un empire, d'une force pour confondre en un seul tous les vastes territoires qui le composaient. M. de Talleyrand, mieux placé qu'un autre pour juger ces distances singulières qu'il franchissait souvent en un jour, pouvait sentir combien l'acquisition de nouvelles provinces servait peu pour le bonheur public; quel abus étrange de la victoire on faisait en imposant le nom de Français à des gens si loin d'être réunis par le même intérêt et de former un même peuple, puisque, au sein de Paris, tant de fractions de société divisaient cette ville en autant de petits mondes souvent contraires de principes, de vœux et de positions. Tout ce qui portait aux yeux de **M.** de Talleyrand l'évidence de ce fait me faisait plaisir et c'est une des raisons qui me rendaient agréable notre réunion chez mesdames de Bellegarde, car c'était une des mille différences qui existaient dans la ville.

Sur la fin du règne de Bonaparte, les nuances de caractère qui existent entre les hommes se manifestaient par des plans d'organisation publique; on rêvait *république, royaume, état fédératif*, etc., et chaque homme, comptant pour rien le lien social du moment, portait dans ses vœux, avait en ses desseins l'ordre quelconque d'un changement total. Ceci est un des malheurs les plus fatals et les moins aperçus qu'entraînent les révolutions. Manquant de cette assurance intérieure que ce qui existe peut s'améliorer ou s'altérer, mais ne peut être détruit, les hommes cessent d'être favorables à la société et font servir leurs qualités personnelles à des règles isolées qui ne tendraient qu'à la dissoudre. Rien n'est mortel pour les États comme l'idée qu'ils peuvent changer; lorsqu'on peut envisager ce fait sans reculer comme devant le plus énorme forfait, quand on ne sert le gouvernement que lorsqu'il entre dans *la fantaisie*, le lien social, il me semble, est détruit. Si l'on avait pu rêver sans crime à autre chose qu'à l'ordre actuel du gouvernement, croit-on que l'histoire de France aurait à citer les hommes publics qui l'ont honorée? Croit-on que l'Hôpital, que Sully, que Montausier même, que Colbert n'auraient pas préféré d'attendre tranquillement un renversement pour arranger à leur fantaisie, au lieu de braver pour le bien public l'humeur, la colère, les injustices de tous ceux qu'ils étaient obligés de blesser et au milieu desquels il fallait qu'ils vécussent? L'idée d'améliorer est la seule dans laquelle le courage et la force de caractère aient un emploi utile. Les plans entiers de bons gouvernements peuvent partir de têtes saines et de cœurs droits, mais leur application est toujours funeste parce qu'elle ne peut avoir lieu que sur des terrains nus, c'est-à-dire après des renversements. Ces rêves-là ne sont pas faits pour les temps où il y a des mœurs, autrement dit des habitudes, et sans elles il n'y a pas d'avenir. On peut perfectionner, mais vouloir faire une bonne chose toute seule et sans précédents, c'est *rêver le bien* et *faire le mal*. Vingt-huit ans de convulsions politiques ont produit ce mal moral de faire dire aux plus honnêtes gens sans répugnance en parlant de l'État : « Ceci ne durera pas. » Et le régime de fer et de gloire imposé par Bonaparte n'avait pas mis sa puissance à l'abri de ce doute.

Mais revenons à mon récit. Attaquée comme tant d'autres de la maladie que je viens de décrire, je faisais cas de tout ce qui pouvait nuire à Bonaparte comme d'un moyen de plus pour hâter sa chute, recueillant avec empressement chaque démonstration qui pouvait persuader M. de Talleyrand de l'impossibilité que la France pût jamais jouir d'un noble repos sous un homme, qu'il ne fallait point croire que les événements corrigeraient, parce qu'il faisait les événements et ne voulait les faire que tels qu'ils étaient alors, puisque la victoire n'avait point encore déserté ses drapeaux.

Cherchant à tirer parti, pour notre projet, de l'intimité qui existait entre moi et **M.** de Talleyrand, j'allais, comme je l'ai dit ci-dessus, passer seule avec lui le matin une heure ou deux, mais je n'osais pas parler d'avenir. Souvent, après m'avoir montré en homme d'État les maux que l'empereur causait à la France, je m'écriais :

— Mais, monsieur, en savez-vous le remède? pouvez-vous le trouver? existe-t-il?

Il n'écoutait point ma question ou éludait d'y répondre.

— Il faut le détruire, me dit-il un jour, n'importe le moyen.

— C'est bien mon avis, lui répondis-je vivement.

— Cet homme-ci, continua-t-il, ne vaut plus rien pour le genre de bien qu'il pouvait faire, son temps de force contre la révolution est passé; les idées dont il pouvait seul distraire sont affaiblies, elles n'ont plus de danger et il serait fatal qu'elles s'éteignissent. Il a détruit l'égalité, c'est bon; mais il faut que la liberté nous reste; il nous faut des lois; avec lui c'est impossible. Voici le moment de le renverser. Vous connaissez de

vieux serviteurs de cette liberté, Garat, quelques
autres. Moi, je pourrai atteindre Sieyès, j'ai des
moyens pour cela. Il faut ranimer dans leur
esprit les pensées de leur jeunesse : c'est une puissance, et puis, l'empereur étant en retraite de
Moscou, il est bien loin. Leur amour pour la
liberté peut renaître !

— L'espérez-vous ? lui dis-je.

— Pas beaucoup, reprit-il ; mais enfin il faut
le tenter.

Je le lui promis de bon cœur et effectivement
je causai avec un homme qui, lui-même fort
révolutionnaire, se trouvait intimement lié avec
ceux qui l'avaient été davantage et les sénateurs
qui passaient pour avoir du talent et des idées
libérales. J'excitai facilement sa bile contre l'empereur et son désir de le voir remplacé par un
gouvernement où la liberté fût respectée. Il com-
muniqua même bientôt ces impressions dans sa
société, une des plus étendues de celles qui forment
à Paris la haute bourgeoisie. On était encouragé
par la tentative que venait de faire Mallet, tentative qui, bien que suivie par la mort violente des
coupables, avait répandu une certaine idée de

faiblesse sur le gouvernement déconsidéré. L'enlèvement du ministre et du préfet de police, la
fuite surtout de ce dernier chez son apothicaire
avaient imprimé sur lui un vernis de ridicule qui
se répandait jusque sur la puissance, quoiqu'il
fût un de ses moindres agents. Il n'a manqué à
Mallet qu'un plan raisonnable, disait-on. Il a
remplacé, il ne s'agissait que de **déplacer**, c'est
peu de chose : le plus difficile était fait. Sa République est une idée de prisonnier, personne n'en
veut plus, mais enfin il a réussi à surprendre la
police. Ainsi le gouvernement de l'empereur n'est
point inébranlable, son armée est battue et sa
police peut être enlevée : on peut donc mettre sa
puissance civile et militaire en déroute !

On se sentait plus à l'aise et on regardait
Mallet comme un homme qui avait ouvert une
porte à l'espérance.

Le fameux vingt-neuvième bulletin vint rallumer l'indignation contre son auteur qui faisait
la froide énumération des maux dont les Français étaient accablés, dans ce jargon moitié soldatesque, moitié rhéteur qu'on appelait son style.
La description entre autres de l'incendie de

Moscou, qu'il comparait à l'éruption d'un volcan, était révoltante. L'indignation qu'on en ressentit dans le moment fit croire à la chute prochaine d'un despote militaire qui cessait d'être conquérant. Mais son retour subit arrêta tout autre sentiment que l'étonnement : il sauta de sa chaise de poste sur son trône et ressaisit le sceptre aux Tuileries, tandis que son armée délaissée couvrait de malades et de morts le vaste territoire qui est entre la Bérésina et le Rhin.

> Qui gurges aut quæ flumina lugubris
> Ignara belli ? Quod mare Daunia
>   Non decoloravere cœdes ?
> Quæ caret ora cruore nostro ?

Frappés comme tout le monde de l'adresse hardie et aventureuse de cet homme et de la manière dont il venait encore de subjuguer les imaginations, nous désespérâmes un moment. Je cessai mes fréquentes visites chez M. de Talleyrand dans la crainte de le compromettre et parlai moins vivement à ceux dont j'excitais le mécontentement. Nous montâmes plus souvent chez madame de Vaudemont pour prendre le thé et apprendre des nouvelles.

Nous nous félicitions de ne pas nous être
ouverts à M. de Talleyrand par la simple réflexion
qu'il est plus facile de garder un ressentiment
qu'un projet, et nous tenions tellement au nôtre
que, plutôt de consentir à le changer dans la
moindre partie, nous préférions conserver Bonaparte.

Quelques paroles de l'empereur venaient de produire une espèce d'enthousiasme factice qui n'était
au fond que l'habitude d'une obéissance qu'il
avait suspendue et qui reprenait sa force, mais
qui lui valut des hommes et de l'argent avec lesquels il conçut l'idée de recommencer une campagne, comme un joueur recommence une partie
avec la petite émotion de perdre l'enjeu ou de se
racquitter.

Nous allions, comme je viens de le dire, chez
madame de Vaudemont, le soir, où vivaient dans
l'intimité MM. de Saint-Aignan, beau-frère de
M. de Caulaincourt; Pasquier; Molé; La Valette;
Montliveau, alors intendant de l'impératrice
Joséphine; le duc d'Alberg; Vitroles, son complai-
sant, faufilé par sa protection jusque chez des
ministres, adroit, dévoué, courageux pour la

cause qu'il embrassa, alors intrigant subalterne ;
puis un comte de S... ancien envoyé de
Perse à la cour de France, Piémontais par son
père, Polonais par sa mère, cocu allemand par sa
femme, Anglais par ses alliances, Russe par une
cousine, Français par conquête et espion par
goût, état et habitude. Tel était à peu près le
corps d'armée napoléonienne qui, tous les soirs,
siégeait autour de la table d'acajou du petit salon
bleu de madame de Vaudemont, où leurs espérances, où leurs inquiétudes se manifestaient sans
contrainte.

De tous ces messieurs-là, je n'estimais que le
comte de La Valette. Je m'amusais à disputer
contre lui ; resté seul après les autres, il perdait
toute réserve, excité par la contradiction de mon
discours et par le petit morceau de sucre continuellement arrosé de rhum qu'il faisait entrer
dans sa bouche à chaque parole qui sortait de la
mienne. Cet exercice, prolongé quelquefois bien
avant dans la nuit, nous a révélé plus de choses,
fait pressentir plus d'événements qu'il n'en savait
peut-être lui-même et jamais ne nous a trompés.
La conversation aussi de S... avait fini par

nous amuser. Ce vieux espion de Maret, accoutumé à passer la fin de ses soirées avec nous et ne pouvant en tirer parti pour son métier, semblait le mettre de côté passé minuit et, resté seul dans le petit cercle de trois ou quatre personnes dont nous faisons nombre jusqu'à une ou deux heures du matin, il nous racontait des anecdotes curieuses de tous les temps et, par entraînement de causerie, il finissait par nous dire ce qu'il savait de la veille ou du jour et nous mettait ainsi au fait de ce que nous voulions savoir.

Il était aisé de conclure que le lien de la peur qui attachait la France à Bonaparte était indissoluble, en sa présence au moins, et qu'alors il n'existait plus de sentiment public. L'indignation était éteinte, la campagne de Russie était déjà presque complètement oubliée et, quoique les débris de l'armée qui l'avait entraînée errassent encore mutilés loin de leur pays, on en reformait une à la hâte pour recommencer de nouvelles entreprises et l'on donnait partout les hommes et l'argent demandés, sans plainte et sans regret !

Malgré ces preuves de soumission sans borne

données à Napoléon, je ne sais quelle assurance
de le voir renversé vivait au fond de notre âme,
M. de Boisgelin et moi nous exaltions par nos
espérances que nous appelions même nos projets.
L'idée de rendre à la France l'énergie nécessaire
pour secouer le joug despotique qui la courbait
nous occupait jour et nuit. Cette malheureuse
habitude d'obéir que l'on avait si universellement
contractée nous affligeait parce qu'elle nous donnait la preuve qu'à moins d'opposer à Napoléon
un homme auquel on pût obéir, sa tyrannie, la
haine même qu'il pouvait inspirer ne feraient
lever personne contre lui. M. de Talleyrand nous
paraissait toujours cet homme-là, mais il était
encore moitié chimérique pour nous. La seule
partie qui nous fût apparente était son mécontentement, mais la forme qu'il lui ferait prendre
nous était inconnue et nous inquiétait bien
autant qu'elle pouvait nous donner d'espérance.

Revenons à cette époque de la campagne de
Dresde, où l'indignation contre l'empereur était
éteinte, ou du moins si dissimulée qu'il était
impossible de fonder sur elle aucun espoir
de délivrance. Ne voyant plus de probabilité

prochaine pour la réussite de nos projets, M. de Boisgelin et moi partîmes pour le château de Vigny, que me prêta la princesse Charles de Rohan. Nous y passâmes trois mois en deux fois.

Rien ne me presse, je veux me rappeler les impressions que m'a fait éprouver le séjour de Vigny. C'est le seul endroit où l'on ait conservé mémoire de moi depuis mon enfance. On voit encore mon nom écrit sur des murs, des êtres vivants parlent de ce que je fus, enfin là je me crois à l'abri de cette fatalité qui semble avoir attaché près de moi un spectre invisible qui rompt à chaque instant les liens qui unissent mon existence avec le passé et qui efface la trace de mes pas. Je retrouve à Vigny tout ce qui, pour moi, compose le passé et j'acquiers la certitude d'avoir été aussi entourée d'intérêt doux dans mon enfance et de quelques espérances dans ma jeunesse. Voilà la chambre de cette amie qui protégea mes premiers jours, je vois la place où je causais avec elle, où je recevais ses leçons. Voilà le rond où je dansais le dimanche, voilà les petits fossés que je trouvais si grands et le saule que mon père a planté au pied de la tour de sa maîtresse. Hélas ! sa maîtresse, à la distance d'une chambre, gît là, dans la chapelle, derrière le lit qu'elle a si longtemps occupé et où peut-être elle a rêvé le bonheur ! Ah! mon père, lors de ce dernier voyage à Vigny, était vivant et la douce idée de sentir encore son cœur battre contre le mien embellissait pour moi un avenir où il n'est plus !

Ces grands arbres, sous lesquels mon enfance s'est écoulée, qui ont reçu sous leur ombre protectrice mes parents, le duc de Fleury, un moment même M. de Montrond[1], après un espace de dix-huit années je les revoyais, j'étais sous leur abri ! j'habitais cette même chambre verte où les mêmes portraits semblaient jeter sur moi le même regard ! Eux seuls n'ont point changé !

1. Voilà la seule mention qu'Aimée dans ses Mémoires fasse de son premier mari. Elle nomme dans un autre passage, mais sans plus de détails, Montrond.

Le duc de Fleury, dès sa sortie de France, s'était rendu près de Louis XVIII, ne le quitta plus, devint un favori du prince, et, au dire de Rivarol « un beau débris d'ancien régime ». Il rentra en France avec son maître, mais pour mourir en 1816.

M. de Montrond, un peu persécuté sous l'Empire, vécut sous la Restauration et la Monarchie de Juillet, tantôt enrichi tantôt ruiné par le jeu, toujours familier de Talleyrand. Il mourut le 20 octobre 1844 à soixante-seize ans.

La belle Montbazon, la connétable de Luynes
avaient traversé intactes cet espace de temps
nommé *révolution* qui a attaqué, dispersé toutes
les nobles races de leurs descendances. Les rossi-
gnols de Vigny nichent dans les mêmes arbres,
les hiboux dans les mêmes tours; moi j'ai la
même chambre, et le vieux Rolland et sa femme
habitent le même pavillon !

Quel charme est donc attaché à ce retour sur
la vie, quelle émotion me saisit en montant ces
vieux escaliers en vis? Pourquoi la vue de ces
meubles vermoulus, de ce billard faussé, de cette
grande et triste chambre à coucher, fait-elle couler les larmes de mes yeux? O existence ! tu
n'attaches que par le passé et tu n'intéresses que
par l'avenir ! Le moment présent, transitoire et
presque inaperçu, ne vaudra que par les souvenirs
dont il sera peut-être un jour l'objet !

Mon nouveau séjour à Vigny a laissé aussi dans
mon cœur des traces qui me sont chères. Mon
âme, réunie à celle d'une noble créature, se sentait relevée et mise à sa place. J'étais devancée et
soutenue dans une voie où notre guide était
l'honneur. Nos projets étaient bien purs et

l'ardeur qu'ils nous inspiraient avait quelque chose de sacré, car les vœux d'un honnête homme ont une telle puissance qu'ils forcent presque la Divinité ; pourrait-elle les rejeter sans blesser la justice ?...

Le temps, employé avec ordre mais sans monotonie, coulait avec une extrême rapidité entre la promenade, la lecture, la chasse et la conversation.

Les campagnes étaient désertes, les champs couverts de blé mûr paraissaient une calamité, à voir les êtres faibles occupés à rentrer les moissons. La France n'était plus peuplée que de veuves et d'orphelins en bas âge. Tel était l'état où la réduisait la gloire des armes, que tous les bras qui pouvaient les porter lui manquaient et qu'il n'y restait que ceux de la vieillesse et de l'enfance. Les bals des dimanches n'étaient composés que de femmes. Bonaparte avait fait disparaître les artisans, les pères, les époux, les laboureurs ; il en avait fait des soldats qui, pour ravager les champs des étrangers, avaient abandonné les leurs.

Nous faisions quelquefois ces remarques devant

l'abbé Desnoyelles, chapelain du château, homme
fort attaché à la princesse de Guéménée, qui l'avait
recueilli dans les temps les plus dangereux
de la Révolution. Cet abbé avait été moine,
par conséquent mauvais prêtre ; mais il était bon
homme, dévoué à ceux qu'il aimait, ayant la
Révolution en horreur et regardant l'empereur
comme un parvenu. Il avait été lié avec M. Bou-
vel, — gravement compromis dans le procès de
Georges, — et avait donné refuge pendant deux
jours, dans le château de Vigny, à Georges et à
Armand de Polignac, alors son aide de camp, au
moment où ils étaient le plus chaudement pour-
suivis. Cet événement lui paraissant le plus important de sa vie, il était possible de lui faire
faire des entreprises dans le même sens. Courageux, brutal, adroit, l'habitude de vivre à la
campagne sans travailler lui avait conservé cette
partie d'imagination aventureuse qui se perd si
vite dans l'habitation des villes et on pouvait
facilement supposer que les dangers auxquels il
s'exposerait, pour contribuer à un événement
extraordinaire qui nuirait à Napoléon, ne l'ef-
frayeraient pas plus que les messes qu'il avait

dites quand le culte était proscrit. Il les avait dites pour narguer l'autorité d'alors. Il n'est pas sûr qu'il n'eût préféré toute autre manière et il est certain qu'il pouvait braver beaucoup de périls pour détruire l'autorité du moment.

Nous lui fîmes envisager la possibilité que, l'empereur n'acceptant pas la paix après la campagne de Dresde, les conséquences très probables d'une fierté déplacée seraient sa perte. Quand nous eûmes ajouté que peut-être alors un Bourbon pourrait remonter sur le trône, le pauvre abbé resta interdit :

— Je ne vous crois pas, nous dit-il brutalement, vous voulez me tenter.

Cependant, s'accoutumant à cette idée, elle lui devint bientôt si familière qu'il ne pensait plus à autre chose.

— Je donnerais mon bras pour cela, disait-il. Ah ! que de coquins seraient attrapés ! Dame, tout le monde rentrerait chez soi et bien d'autres en sortiraient !

— Point du tout, l'abbé, personne ne sortirait et personne non plus ne reviendrait comme il a été.

« Alors l'abbé entrait en colère, car il était moine, cordelier et royal jacobin. Il voulait que les royalistes fissent comme on leur avait fait, qu'ils dépouillassent leurs ennemis, les fissent exiler, confisquer, égorger et puis : « Vive le roi ! » par là-dessus.

— C'est justice, disait-il. On leur en a fait autant, le talion c'est ma loi. Pour ma part, j'en indiquerais un bon nombre ; laissez-moi faire. Ma foi, ajoutait-il, échauffé par tous ces beaux projets, le retour seul du roi peut ramener ici le bonheur et la paix.

— Mais ce n'est pas comme vous l'entendez, lui disais-je.

M. de Boisgelin voulant entrer en explications avec lui, l'abbé s'emporta et lui dit :

— C'est donc pour continuer la Révolution tout à votre aise que vous voulez faire revenir le Roi ? C'est pour donner force aux lois d'usurpation et aux misérables qui ont détruit la noblesse, le clergé, en mettant à leur place des assemblées de bavards qui, tous les ans, au nom de la nation, voudraient fricoter dans les revenus du Roi ? Par ma foi, si c'est là votre but, que ce brave homme de roi reste où il est, je ne sais où, et gardons notre mangeur d'hommes. Au moins croque-t-il les révolutionnaires et quoiqu'il les couvre d'or et les appelle comtes ou ducs, il les effraie au moins par l'idée d'un emprunt bien onéreux sur leurs effets volés. Les acquéreurs en ont l'inquiétude, il exile, il chasse des places les jacobins, il supprime, de temps en temps, ces vilaines assemblées publiques, — voyez le Tribunat, — il fait obéir les autres, enfin il sabre la Révolution comme les ennemis et cela réjouit !

— Eh bien ! l'abbé, lui répondit M. de Boisgelin, vous êtes donc content comme cela ?

— Non, parbleu, mais...

Enfin le bon abbé Desnoyelles était le précurseur et le modèle des ultra et il est assez comique d'avoir vu, en 1815, une Assemblée nationale gouverner l'État, comme l'avait rêvé, en 1813, un pauvre moine cordelier, libertin, ignorant, paresseux, vindicatif, sans esprit, courageux et honnête homme que, à force de prêcher, nous ne convertîmes pas, mais que nous réduisîmes au silence et qui renonça à la vengeance qui lui était si chère, dans la crainte de ne pas être employé au renversement de Bonaparte et surtout au retour du roi dont il croyait que nous nous occupions. Il répétait souvent :

— Bouvet est à Londres ; si j'y étais aussi, je verrais le roi, puisque vous dites qu'il est en Angleterre. J'ai eu l'honneur de dire autrefois la messe, à Nelle, chez madame la comtesse de Châlons, devant monseigneur le comte d'Artois. C'était le bon temps, j'étais cordelier alors, et monseigneur me disait toujours : « Bonjour, père, comment vous portez-vous ? »

Ces paroles mémorables paraissaient gravées dans le cœur de l'abbé et lui haussaient le courage au point d'éveiller le nôtre.

— Que ne profitons-nous de l'abbé, me dit un jour M. de Boisgelin, pour communiquer avec le roi ? Desnoyelles est presque inconnu au monde entier, il est Belge, ses parents sont fermiers, que ne va-t-il les joindre ? De là il trouvera des moyens faciles pour se rendre en Angleterre et l'on pourrait ainsi faire passer au roi un état véritable de la situation de la France, dont il n'a aucune idée, et lui indiquer les personnes ou plutôt l'unique personne qui peut donner à son

retour des chances favorables, si cette personne
se persuade à elle-même que le roi puisse être
utile au pays.

Cette proposition devint aussitôt un plan : l'abbé
y entra avec zèle et bonhomie. Il promit de ne
point pérorer et de porter un papier écrit par
M. de Boisgelin. Nous convînmes alors de l'avertir
au moment jugé convenable, de lui donner l'argent nécessaire et nous partîmes pour Paris.

Bonaparte était de retour de la campagne de
Dresde dont il s'était échappé par la fameuse
trouée de Hanau. A la vue de l'irruption des
troupes étrangères qu'il entraînait à sa suite, il
conçut l'espoir de donner au peuple français l'élan
nécessaire pour les repousser et l'aider même à
de nouvelles conquêtes. Dans ce dessein, il chercha
à ramener en eux des sentiments qu'il s'était
efforcé d'anéantir depuis quinze ans, remettant
à un autre temps le soin de les comprimer de
nouveau. Ainsi l'on publia des appels au patriotisme des citoyens, signés Napoléon, des procla-
mations adressées au *grand peuple*, des invoca-
tions au souvenir de 92, année de la destruction
des hordes étrangères sur notre territoire, signées

Napoléon, *empereur* des Français. Mais ce langage jacobin impérial ne produisit que de l'étonnement. On aurait accepté le titre de citoyen avec soumission ; les faubourgs eussent porté la pique, la carmagnole et le bonnet rouge, mais par ordre du ministre de la guerre. L'empereur put se convaincre que si, jusqu'à un certain point, son autorité était à l'abri de la révolte, il ne pouvait pas espérer, en sa faveur, de ces crises populaires qui, par une convulsion généreuse, repoussent violemment du sol de la patrie ceux qui tentent de la soumettre.

Cette idée nous attristait, quoiqu'elle rendît peut-être nos projets plus faciles. Tous les peuples ont trouvé pour nous repousser, disions-nous, une énergie patriotique, pourquoi en manquons-nous ? Qu'est-ce donc que la patrie, sinon l'amour des longues habitudes, de la famille, du pays et du repos ? Hélas ! la France n'est plus maintenant qu'une garnison où règnent la discipline et l'ennui. On défendra par obéissance cette garnison, mais les habitants ne se mêleront point de la querelle, et la conquête de la France n'est qu'une affaire militaire, menaçant seulement l'honneur de l'armée. En Espagne, où aucune habitude n'était ébranlée, un changement effrayait, depuis le noble titré jusqu'au pauvre fainéant qui se plaisait dans sa vie vagabonde. Chacun était prêt à défendre l'abus auquel il était attaché, dont il subsistait, et à se battre, sinon pour *la liberté*, au moins pour *sa préférence*. C'est un sentiment patriotique qui s'oppose à recevoir la loi du vainqueur : chez nous, où trouver des sentiments qui nous défendent? Employé par la guerre, séparé de ses enfants, loin de ses foyers, dépendant d'un gouvernement qui change à tout moment de forme et de principe, que peut-il y avoir de fixe dans la tête d'un Français? En 1792 même, lorsque les troupes prussiennes furent chassées du territoire, était-ce un mouvement national qui les repoussa? A cette époque terrible, les riches propriétaires, renfermés dans des cachots, spoliés, égorgés au nom de l'anarchie, n'étaient plus comptés dans la nation, et peut-on appeler nation un peuple sans discipline et sans chefs?

Mais ces tristes réflexions ne pouvaient nous abattre. On est si heureux d'avoir l'esprit occupé par un projet bien déterminé, qu'il donne du courage pour envisager les plus grands maux parce qu'on croit en posséder le remède. A la vue, par exemple, de l'obéissance passive qu'on montrait aux ordres de l'empereur et de ce regard indifférent qu'on jetait sur les armées ennemies prêtes à fondre sur le pays, nous disions : Quel besoin nous avons de lois sages mises en activité et de rois nés sur le trône, ayant l'habitude d'exercer leurs pouvoirs dans un certain espace d'où ils sortent peu et ne font jamais sortir les peuples ! Alors le cercle d'aventures, parcouru dans toute une vie, se trouvant autour de soi ainsi que les moyens de fortune et d'industrie, font aimer son pays, puisque c'est en lui et pour lui seul que peuvent se développer tous les sentiments.

— Notre plan, notre plan ! répétions-nous.

M. de Boisgelin rédigea, en forme de lettre, un mémoire adressé au roi, dans lequel, en rendant un compte exact des événements et de l'effet qu'avaient produit sur les opinions les changements opérés depuis 1792, il indiquait les chances de retour que pourrait avoir la famille des Bourbons, si elle entrait dans la volonté du siècle, en substi-

tuant franchement la forme monarchique constitutionnelle au sceptre absolu qu'avaient porté ses
ancêtres. Il faisait envisager, dans cette supposi-
tion, l'arrivée en France d'un roi de l'ancienne
famille comme un intermédiaire tutélaire qui,
s'interposant entre les ennemis attirés par Bonaparte et le pays, pourrait le garantir. Les détails
donnés étaient positifs et le mémoire, un vrai
chef-d'œuvre de clarté, de patriotisme et de courage. Quand il fut écrit, nous attendîmes quelque
temps avant d'avertir l'abbé.

Cependant Bonaparte, inquiet de l'avenir et
sentant la nécessité de rejoindre son armée, en
même temps qu'il craignait Paris en son absence,
eut recours au moyen qu'il redoutait le plus dans
l'exercice habituel de sa puissance, entre autres
à la formation d'une garde nationale dont il se
déclara général commandant. Il nomma Marie-
Louise régente, établit un Conseil de régence à la
tête duquel il mit son frère Joseph, et, voulant
essayer avant son départ d'éveiller un enthousiasme nouveau et d'un genre plus doux que
celui que produisaient ses succès, il reçut les
officiers de la garde nationale en bon mari, en

bon père, en bon homme, en citoyen se préparant à défendre ses foyers, et il remit sa femme et son fils entre les bras des Parisiens, sous l'uniforme de la plus paisible des troupes. Il faut savoir que ceux qui étaient venus vers lui étaient mécontents de ses projets, de sa conduite et montaient en murmurant l'escalier qui conduit à la salle où ils furent reçus. Comme ils ne s'attendaient pas au petit drame bourgeois qui leur fut donné, ils en furent étonnés et se retirèrent agités par une certaine émotion. Pendant qu'ils redescendaient l'escalier avec des impressions si différentes de celles qu'ils venaient d'éprouver, Napoléon, rentré dans sa chambre, sautait de joie d'avoir si bien réussi par sa pasquinade.

— J'ai bien joué mon rôle! disait-il.

Mais il se trompait lui-même par cette fourberie, comme font, de notre temps, tous les fourbes. Le lendemain, même le soir de cette comédie, l'impression qu'elle avait causée était effacée, et ceux pour lesquels on l'avait jouée, ne se croyant engagés que par le serment qu'ils avaient prêté à l'impératrice et à son fils, rirent de la scène dont ils avaient été témoins.

Une chose que les gens dans le pouvoir ne savent jamais et que ceux qui désirent le pouvoir ne veulent pas savoir, c'est que la ruse, une adresse trop raffinée les déconsidèrent, ne font point illusion et les privent de la faculté de bien faire, en accoutumant à regarder leurs actions comme le masque de leur pensée. Le siècle n'est plus où l'on admirait l'incompréhensible. L'intrigue est un moyen arriéré qui donne des entraves à ceux qui s'en servent et abreuve les premiers personnages, lorsqu'ils y ont recours, de tous les dégoûts que méritent les baladins et les histrions. Plus d'une fois Napoléon a éprouvé cette vérité.

Enfin, il partit pour repousser l'ennemi, déjà avancé bien au delà de nos frontières. Je ne me charge pas de rappeler les trois mois de la campagne la plus savante de Bonaparte. Cette partie fatale, dont la France était l'enjeu, fut admirablement bien jouée par l'empereur, et si tous les habitants, les citoyens doivent le regarder comme leur destructeur, pas un militaire, dit-on, n'a le droit de le critiquer. Comme athlète, il est tombé de bonne grâce, son honneur de soldat est à couvert, sa vie comme homme a été conservée,

il n'y a eu que notre pays et nous de perdus.
On n'a donc aucun reproche à lui faire : tels sont
les raisonnements de certaines gens. Mais enfin,
je le répète, je n'écris point de mémoires militaires et je ne m'occupe que des mouvements
dont j'ai été témoin et auxquels nous avons pu
le voir participer.

Après le départ de l'empereur, une sorte d'aise
générale se faisait sentir au travers du trouble
dont les esprits étaient agités ; on respirait mieux
et l'on se plaignait ensemble.

— Il m'a enlevé tous mes enfants, disait l'un.

— Mes amis sont dispersés, s'écriaient les
autres. Il ne veut pas que les femmes soient
jolies, ni les hommes amusants, parce qu'il
trouve que cela distrait du respect et de l'occupation continuelle qu'on lui doit. Voyez madame
Récamier, voyez M. de Montrond ! Madame
de Staël, M. Benjamin de Constant paient par
l'exil la peine de savoir écrire et, s'il avait le
temps, il remonterait jusqu'à Tacite pour infli-
ger des punitions aux écrivains et livrerait aux
flammes toutes les bibliothèques, afin de persuader la postérité que le monde commence à lui.

Il veut servir de modèle en échappant aux comparaisons.

Ces propos et mille autres semblables couraient de bouche en bouche.

Au milieu de ce mouvement des esprits, les fréquents bulletins de l'armée qui, sous les noms de batailles gagnées, nous déguisaient des revers, donnaient de la probabilité à nos espérances et de l'activité à nos démarches. M. de Boisgelin se rapprocha, dès cette époque, de M. Édouard de Fitzjames et de Mathieu de Montmorency, désirant, comme lui, revoir les Bourbons sur le trône de France, mais ayant moins combiné la manière de les y maintenir. Sans regarder au véritable état du pays et aux concessions à faire au peuple, ils ne songeaient qu'à la bonne occurrence qui se présentait pour le renversement de l'empereur.

Un M. de Gain de Montagnac, demeurant alors chez madame de Catelan, où se rendait souvent M. de Boisgelin, était un homme d'imagination. de probité, qui avait toujours l'air d'avoir quelque chose à dire à Bruno et cependant en laissait fuir l'occasion d'une manière affectée. Il fut un jour chez lui et lui dit que, membre d'une société étendue dont les lois, formées sur la plus pure morale, étaient ensevelies dans la conscience de ceux qui la composaient, il était chargé de lui faire la proposition d'y entrer, que le serment exigé ne devait point alarmer l'âme la plus religieuse et la plus délicate.

— Ce que je puis vous dire, ajouta-t-il, c'est que, ce que vous voulez, nous le voulons ; le retour de la famille des Bourbons est notre but, et je crois que nous avons quelques moyens pour le voir accomplir.

M. de Boisgelin lui répondit qu'il ne lui convenait pas d'engager sa liberté par aucun serment, mais que, si on voulait se contenter d'une simple promesse du secret et le mener dans ces réunions, il y consentait. Il fut accepté, et M. de Gain le conduisit, le soir même, rue de la Paix, où, dans une assez mauvaise chambre, il trouva beaucoup de monde, entre autres MM***[1]. M. de Boisgelin, qui n'était entré là que pour s'assurer des forces qu'on en pourrait tirer, après avoir reconnu qu'il n'existait ni plan, ni chef, et que tout se

---

1. Les noms ne sont point donnés par les *Mémoires*.

bornait à un désir vague, plus ou moins fortement exprimé, de profiter des circonstances pour rappeler les Bourbons, eut l'idée de tirer des liens secrets de cette association qui, dans toutes les provinces, avait de petits groupes correspondants, une apparence d'unanimité dans de certains vœux et de montrer une surface de royalisme qui pût imposer en cas de besoin. Il se mit, en conséquence, à parler de *Constitution royale* et de *conditions nationales*, d'après lesquelles on *appellerait un Bourbon*. Il ne persuada personne pour le fond du principe, mais beaucoup crurent que c'était le seul moyen pour le moment de retourner sous les rois légitimes.

— Pour redonner à la légitimité la place naturelle qu'elle doit occuper dans les idées, il faut la purger de ce vernis de soumission sans bornes des sujets à leur monarque, disait M. de Boisgelin ; c'est là ce qui, la faisant confondre avec l'esclavage de peuples dévolus de maître en maître par droit de succession, la fait repousser par les âmes indépendantes et généreuses. Il faut, ajoutait-il, la faire entrer dans les libertés des peuples et la placer parmi leurs droits.

Ces excellents principes ne germaient pas dans les esprits peu exercés à la méditation, mais ces messieurs engagèrent M. de Boisgelin à profiter de leurs moyens de correspondance pour propager les doctrines propres à concilier ces divers intérêts.

Madame de Duras et M. de Chateaubriand proclamaient, de leur côté, des sentiments royalistes-Bourbon. La police savait tout ou à peu près et ne remuait pas. Comme elle est toujours l'instrument du plus fort, elle sentait que l'empereur n'était plus son maître et, voulant néanmoins lui prouver sa fidélité dans un moment où tout le monde conspirait, elle conspirait en faveur du roi de Rome, prévoyant bien que ce petit usurpateur ne donnerait pas beaucoup de soucis à M. son père, puisqu'il n'aurait d'armée que celle dévouée à Napoléon et de ministres que ses serviteurs. C'est un raisonnement qui a commencé alors et qui s'est continué depuis, car c'est le sens de presque tous les troubles. Nous avons su qu'un espion de police était dans la pièce attenante à celle où se tenait l'assemblée de ces messieurs, rue de la Paix, mais on s'en mettait peu en peine.

Un jour, M. de Boisgelin me dit :

— Il y a bien longtemps que vous n'avez été voir M. de Talleyrand ; il faut cependant s'expliquer avec lui.

Comme les fées dont on nous a entretenues dans notre enfance, et qui, pendant un certain temps, étaient obligées de perdre les formes brillantes dont elles étaient revêtues pour en prendre de repoussantes, M. de Talleyrand est sujet à de subites métamorphoses qui ne durent pas, mais qui sont effrayantes. Alors la vue des honnêtes gens le gêne et il leur devient odieux. Je craignais, je ne sais pourquoi, de le trouver dans cet état que je nomme *sa peau de serpent* et je fus agréablement surprise de le voir gracieux et ouvert. Tout Paris venait le voir en secret et tête à tête. Chaque personne qui sortait, rencontrant celle qui entrait, semblait dire : « Je vous ai devancée ; c'est moi qui l'ai pour chef. »

Après nous être entretenus du malheur des temps, du progrès des ennemis en France, je lui dis que ce que je craignais le plus était de voir la paix conclue au milieu de ce désordre et de rentrer sous le sceptre d'un guerrier battu.

— Mais il ne faut pas y rester, me dit-il.

— A la bonne heure ! lui dis-je, mais que faire ?

— N'avons-nous pas son fils ? reprit-il.

— Pas autre chose ? m'écriai-je.

— Il ne peut être question que de la régence, répondit-il en baissant les yeux et du ton grave qu'il affecte quand il ne veut pas être contrarié.

Cependant je le contrariai, car je croyais que le temps était précieux et je lui dis contre la régence tout ce que j'ai noté plus haut. Il m'écouta longtemps en silence et me dit, d'un air suspect, de revenir le lendemain. Je n'avais pas beaucoup d'espérance, j'y revins cependant. Il me parla de cent mille choses incohérentes, comme c'est son habitude quand il veut causer et retenir près de lui les gens. Il me raconta les propositions de paix que les monarques étrangers faisaient à Bonaparte, propositions qu'il refusait.

—Comment, lui dis-je, nous n'avons donc plus d'espoir que dans son orgueilleuse folie et nous perdons ici le temps sans nous entendre ? La guerre nous détruit, la paix nous menace et nous tergiverserions, Dieu sait pourquoi !

— Mais non, me dit-il alors, nous sommes

assez près l'un de l'autre et, pour nous délivrer tout de suite de la race nouvelle, nous pourrions peut-être faire des *idées patriotiques* et un *trône national* avec M. le duc d'Orléans.

— Non, lui dis-je en prosélyte zélée de l'opinion royale légitime, M. le duc d'Orléans est un usurpateur de meilleure maison qu'un autre, mais c'est un usurpateur. Pourquoi pas le frère de Louis XVI?

Nous nous revîmes trois ou quatre jours de suite, le matin; je lui parlais sur ce sujet sans qu'il m'interrompît, ni me donnât de réponse et je sortais toujours fort effrayée de ses projets. Je craignais surtout cette muserie qui est dans son caractère, qui le fait profiter de l'événement, n'importe lequel, et se donner le mérite de l'avoir prévu, arrangé secrètement, quand il n'a fait que l'attendre dans le silence. Comme l'événement que je voulais avait besoin d'être fait et qu'il ne serait point arrivé naturellement, la nonchalance de M. de Talleyrand m'était insupportable. J'étais bien certaine qu'elle lui était personnellement utile, mais je sentais qu'elle tuait l'ordre de choses pour lequel je faisais des vœux.

Je m'épuisais en raisonnements, même en plai-
santeries, car je savais de quelle importance il
était de ne point l'ennuyer, et je faisais valoir
assez adroitement la monotonie insipide de la
cour de Bonaparte, ennemie des nuances et du
goût.

Un jour, il se leva, fut à la porte de son cabinet
de tableaux, et, après s'être assuré qu'elle était
fermée, il revint à moi levant les bras en me
disant :

— Madame de Coigny, je veux bien du Roi,
moi, mais...

Je ne lui laissai point motiver son *mais* et, lui
sautant au cou, je lui dis :

— Eh bien, monsieur de Talleyrand, vous
sauvez la liberté de notre pauvre pays, en lui
donnant le seul moyen pour lui d'être heureux
avec un gros roi faible qui sera bien forcé de
donner et d'exécuter de bonnes lois.

Il rit de mon genre d'enthousiasme, puis il me
dit :

— Oui, je le veux bien ; mais il faut vous
faire connaître comment je suis avec cette famille-
là. Je m'accommoderais encore assez bien avec

M. le comte d'Artois parce qu'il y a quelque chose entre lui et moi qui lui expliquerait beaucoup de ma conduite ; mais son frère ne me connaît pas du tout. Je ne veux pas, je vous l'avoue, au lieu d'un remerciement, m'exposer à un pardon ou avoir à me justifier. Je n'ai aucun moyen d'aboutir à lui et...

— J'en ai, lui dis-je en interrompant. M. de Boisgelin est en correspondance avec lui et, dans ce moment, il a une lettre prête à lui être envoyée. Voulez-vous la voir ?

— Oui, certes, revenez demain me l'apporter, je meurs d'envie de la lire, me répondit-il assez vivement.

Je ne puis encore me rappeler sans émotion le plaisir que j'éprouvai au moment où je crus voir l'accomplissement du vœu le plus vif et le plus pur que j'aie jamais formé. Je me rendis rapide-ment chez moi, où M. de Boisgelin m'attendait, et je lui criai en entrant :

— Il est à nous, il veut lire votre lettre au roi !

Rien n'égale le transport de joie de Bruno.

Nous nous mîmes à copier la lettre, en soignant

très fort le paragraphe dans lequel il était question de M. de Talleyrand. L'explication abrégée quoique générale de sa conduite, sa haute position politique et l'impossibilité que, sans lui, le roi pût jamais parvenir au trône, tout cela fut tracé d'une main assez habile. Le lendemain, je me rendis rue Saint-Florentin avec mon papier dans mon sac. A peine fus-je entrée dans la chambre à coucher que, fermant la porte avec précaution, M. de Talleyrand me dit :

— Asseyez-vous là et lisons.

Il prit la lettre et, d'une voix basse, mais intelligible, il commença à lire très lentement. A mesure qu'il avançait, il disait, en s'interrompant : « C'est cela ! — A merveille ! — C'est parfait ! — C'est expliqué admirablement ! » Enfin, quand il en vint au paragraphe qui le regardait, il eut un mouvement très marqué de satisfaction et le relut encore. Lorsqu'il eut achevé toute la lecture, il la recommença plus lentement, pesant et approuvant tous les termes, ensuite il me dit :

— Je veux garder cela et le serrer.

— Mais cela va vous compromettre inutilement.

— Bah ! me répondit-il, j'ai tant de motifs de suspicion, celui-là me plaît.

J'exigeai cependant qu'il le brûlât et, allumant alors une bougie à un reste de feu presque éteint qui était dans l'âtre, il tortilla le papier en l'approchant de la bougie, le jeta enflammé dans la cheminée et croisa dessus la pelle et la pincette pour empêcher que les cendres ne s'envolassent par le tuyau.

— On n'apprend qu'avec un homme d'État, lui dis-je, à anéantir un secret bien secrètement.

Après cette petite opération, M. de Talleyrand se tourna de mon côté et me dit :

— Eh bien ! je suis tout à fait pour cette affaire-ci et, dès ce moment, vous pouvez m'en regarder. Que M. de Boisgelin entretienne cette correspondance, et travaillons à délivrer le pays de ce furieux. Moi, j'ai des moyens de savoir assez bien et exactement ce qu'il fait. J'ai avec Caulaincourt un chiffre et un signe convenus, par lesquels il m'avertira, par exemple, si l'empereur accepte ou non des propositions de paix. Il faut parler hautement de ses torts, de son manque de foi à tous les engagements qu'il avait pris pour régner sur les Français. On ne doit pas craindre de prononcer encore les mots de *nation*, *droits du peuple*, il s'agit de marcher et l'expérience a resserré dans de justes bornes l'expression de ces mots-là.

Je revins chez moi enchantée et jamais, je crois, M. de Boisgelin n'a ressenti une joie plus pure. Si je voulais me borner à rappeler la part nécessaire que nous eûmes au retour du Roi, je devrais m'arrêter ici, car la détermination que prit à cet égard M. de Talleyrand et qui, je dois le croire, est le fruit de la conviction que mes raisonnements et nos conversations lui inspirèrent, est l'unique chose importante dans cette conjuration et la seule force qui ait changé l'état des choses. Notre but a donc été rempli à ce moment. Mais comme ces feuilles sont destinées à me rappeler les sensations que j'éprouvai alors, je vais continuer doucement ces mémoires, regardant ce qui nous est personnel comme indiqué et même terminé.

M. de Boisgelin se rendit avec plus d'exactitude aux réunions dont j'ai déjà parlé et se convainquit d'une chose qui, depuis, est devenue

évidente, mais qui, pour n'avoir pas été bien
connue par le gouvernement du roi, a pensé lui
devenir funeste, parce qu'il a pensé y trouver
une force qui n'y était pas. Il n'en existe que
dans des intérêts communs et les rapports qui
lient ensemble les gens dans les positions les
plus distantes. Or, dans cette association royaliste, comme il n'était question que de fidélité à
un être imaginaire et de pureté de conduite, elle
formait une chose isolée, abstraite, sans poids et
ne représentant rien qui répondît à l'intérêt réel
de personne. Ses moyens de police intérieure et
de correspondance pouvaient être utiles cependant. Étendus sur la surface des choses, comme
un léger nuage ils pouvaient les voiler, mais ils
ne donnaient ni force d'action ni résistance.
L'amour mystique pour un roi que personne
ne connaissait, la fidélité à des devoirs dont
on n'avait nulle idée, étaient des folies qui ne
pouvaient donner que des moments bien courts
d'illusion. M. de Boisgelin chercha seulement à
inspirer assez de confiance pour qu'on lui permît
de choisir ces moments.

— Il faudrait, me disait-il quelquefois, tâcher

de parler à des sénateurs, à des gens qui en remuent d'autres.

— Ma foi, les sénateurs ne sont pas trop ces hommes-là, disais-je. Ils me paraissent de grosses pierres que nous portons au col et avec lesquelles on nous jette à l'eau.

Cependant nous fîmes des démarches près de quelques-uns. Mais Tacite a dit, sur le Sénat romain, ce qui est applicable aux corps de l'État quand la fortune de ceux qui les composent est dépendante du maître.

Les sénateurs fermaient les yeux et les oreilles pour n'être point affligés par les maux publics, ni tentés d'en délivrer. Seulement, en vrais chanoines ne s'occupant que de l'essentiel, qui était la recette et le réfectoire, ils tenaient, les 28 de chaque mois, une assemblée en forme de chapitre, pour régler l'affaire de leurs revenus.

Un jour, M. de Talleyrand vint me voir et me dit :

— Il serait nécessaire d'arranger tout ceci d'une manière noble et sérieuse. Bonaparte vient encore de refuser la paix à Montereau, son petit succès lui tourne la tête, il parle de retourner à Vienne.

On a fait, à Châtillon, une assemblée en forme
de Congrès, où se rendra lord Castlereagh et les
ministres des différents souverains de l'Europe,
pour discuter sur quelles bases doit reposer la
paix qu'on est encore décidé d'offrir à Napoléon.
Si elle se fait, tout est perdu et notre pays est
livré à l'effervescence d'une domination militaire
qui, changeant les idées reçues de morale et de
politique, n'accorde le nom de vertu qu'à l'asservissement ou l'obéissance sans contestation, et de
gloire qu'à l'esprit de conquête. Il faut que, lorsque le Sénat s'assemblera, il nous tire d'affaire,
qu'il efface sans danger l'ignominie dont il est
couvert et qu'il assure notre existence en travaillant à la sienne. Voici ce que, par son droit
naturel de conservateur des lois fondamentales,
il peut faire. Qu'un de ses membres monte à la
tribune pour dénoncer Napoléon en disant que,
ayant été élu empereur aux conditions qu'il n'a
pas tenues, *de faire voter l'impôt par l'organe des
représentants de la nation, de rendre compte de l'emploi du revenu et de faire jouir les citoyens de la
liberté de leur personne et de leur pensée,* il n'a aucun
droit, aux termes d'un contrat qu'il a violé,

puisque *l'impôt a été levé à sa fantaisie, la liberté des citoyens a été attaquée dans leur pensée et dans leurs actions, et le droit de lever des armées exagéré au point d'épuiser la population;* que les familles sont en deuil et réduites à des vieillards et à des enfants; que l'Europe est jonchée de nos morts pendant que la France est couverte d'ennemis dont il ne sait pas nous affranchir par la guerre et dont il ne veut point nous délivrer par la paix; que, en conséquence, n'ayant pas tenu les conditions du contrat qui fondait son autorité, on le répète, le contrat est annulé et il est déclaré perturbateur du repos public et mis hors la loi. Que le Sénat, ensuite, se constitue en Assemblée nationale, qu'il envoie aux députés l'ordre de s'assembler et de délibérer, en reconnaissant leur mandat comme suffisant. Qu'il déclare la France monarchie constitutionnelle avec trois ou quatre lois bien faites qui indiquent clairement les libertés du peuple et prendront le nom de *charte* ou de *lois constitutionnelles,* comme il voudra. Alors, qu'il appelle le frère de Louis XVI sur le trône et qu'il fasse adhérer le peuple à ce vœu, en faisant ouvrir des registres où chaque

citoyen sera invité à écrire son nom. Qu'il fasse
un appel aux armées et qu'il envoie une députation aux princes coalisés pour leur faire part de
cet événement, en les invitant à repasser le Rhin
pour commencer là les préliminaires de la paix.
— Voyez Garat, ajouta-t-il, il y a là de quoi
remuer une âme patriotique et faire les plus belles
phrases du monde sans danger. C'est là ce qu'il
faut répéter souvent, cette persuasion peut encore
faire des héros. Qu'on voie Lambrechts[1], Lenoir-

1. Charles-Joseph-Mathieu Lambrechts, né le 20 novembre 1753
dans les Pays-Bas autrichiens, s'était consacré à l'étude du droit
et était, en 1786, recteur à l'Université de Louvain. Légiste et philosophe, il approuvait à ce double titre les réformes tentées par
Joseph II contre les franchises locales et les croyances catholiques
des peuples réunis sous la domination autrichienne. Quand la Belgique se souleva, en 1790, contre l'empereur, Lambrechts dut
quitter le pays. Il y rentra avec nos armées. Comme il retrouvait
dans les révolutionnaires français beaucoup des doctrines gouver-
nementales qui l'avaient attaché à l'empereur autrichien, il restait
d'accord avec lui-même en devenant un champion énergique de la
République et de l'influence française. Il fut, à la réunion de la
Belgique à la France, récompensé de ce zèle par un poste de commissaire près le Directoire exécutif du département de la Dyle et
y montra assez de talents et de zèle pour qu'après le 18 fructidor
il fût appelé à Paris et nommé ministre de la justice. Les coups
d'État continuèrent à lui être bienfaisants. Le 18 brumaire lui
valut le Sénat. En 1804 il fut fait comte et commandant de la
Légion d'honneur. Mais, s'il n'avait pas un grand zèle pour la
liberté, il tenait de ses travaux le goût des formes légales, que le
gouvernement de l'Empereur dédaignait. De là l'origine d'une
opposition, qui, tout d'abord, ne fut qu'un applaudissement

Laroche[1], je ne sais qui, ces patriarches de révolution qui savent si bien démolir les trônes avec les mots de *patrie, tyrannie, liberté*. S'ils les prononcent, nous sommes sauvés ; je vais faire, de mon côté, ce que je pourrai pour leur faire sentir

moindre, n'alla pas au delà du silence, mais qui le mettait à part avec le duc de Valmy, Lanjuinais, Garat, et le désignait à Talleyrand. En effet, en 1814, il vota la déchéance et fut chargé de rédiger les considérants. Il travailla aussi à la préparation de la charte ; mais, là, ses principes de légiste se heurtèrent à l'intransigeance royaliste de l'abbé de Montesquieu, et lui coûtèrent la pairie. Malgré cette disgrâce, il refusa de se rallier à Napoléon lors des Cent-Jours. L'opposition libérale le recueillit, comme les anciens impérialistes qui n'avaient pas fait leur paix avec les légitimistes. En 1819, il fut élu à la Chambre, où il siégea à l'extrême gauche. Il mourut en 1823.

1. Lenoir-Laroche, né le 29 avril **1749** à Grenoble et avocat dans cette ville, vint plaider un procès important à Paris et s'y fixa. En 1788, il proposa les États du Dauphiné comme un exemple à suivre par les États généraux qui allaient s'ouvrir, et le succès de cette brochure le fit élire, en 1789, comme député du Tiers État par la prévôté de Paris. Dans l'Assemblée constituante, il fut de ceux qui rêvaient la liberté sans désordre. Sous la Terreur, il fut des suspects. Le Directoire le trouva journaliste, républicain, et toujours modéré. Un instant, ce fut un titre à la faveur et il devint préfet de police. Mais, à la veille du 18 fructidor, ce n'était pas la modération qu'on voulait de la police, et il redevint journaliste, soigneux de se tenir à égale distance des anarchistes et des clichiens. Cette impartialité trouva sa place dans une chaire de législation qu'on lui donna à « l'École centrale du Panthéon » et son républicanisme lui valut un siège au Conseil des Anciens. Au 18 brumaire, sa modération l'emporta sur son républicanisme et lui obtint le Sénat, puis le titre de comte et la cravate du commandant. Sa fortune faite, et même pour qu'elle durât, il revint à l'équilibre naturel de ses préférences politiques,

que, en s'y prenant ainsi, ils passent un véritable contrat entre le monarque et le peuple, et que les droits de naissance que peut apporter celui qu'ils appellent ne l'empêchent point d'être lié par des conditions, et que l'existence du *sine qua non* qu'ils cherchent tant se trouve assuré par cette manière d'agir.

au désir d'une liberté réglée. Trop modéré pour trouver jamais le courage ni l'occasion d'une résistance, il accumulait en secret ses griefs à mesure que se suivaient les fautes de l'Empire, et ainsi, avec quelques autres semblables à lui, il se trouva prêt, en 1814, à renverser Napoléon, pour des fautes contre lesquelles ils n'avaient jamais protesté. Pair de France en 1814, rayé par l'Empereur, rétabli par la seconde Restauration, il continua à défendre, dans la mesure où il ne troublait pas son repos, les principes de 1789, et mourut le 17 février 1825.

APPENDICE

LES COIGNY

ORIGINE DE LA FAMILLE

Saint-Simon raconte en ces termes les origines des Coigny :

« Les Matignon avaient marié leurs sœurs comme ils avaient pu ; l'une, jolie et bien faite, épousa un du Breuil, gentilhomme breton ; l'autre, Coigny, père du maréchal d'aujourd'hui.

» Coigny était fils d'un de ces petits juges de basse Normandie, qui s'appelait Guillot, et qui, fils d'un manant, avait pris une de ces petites charges pour se délivrer de la taille après s'être fort enrichi. L'épée avait achevé de le décrasser. Il regarda comme sa fortune d'épouser la sœur des Matignon pour rien et, avec de belles terres, le gouvernement et le bailliage de

Caen qu'il acheta, se fit un tout autre homme. Il se trouva bon officier et devint lieutenant général. Son union avec ses deux beaux-frères était intime, il les regardait avec grand respect et eux l'aimaient fort et leur sœur, qui logeait chez eux et qui était une femme de mérite. Coigny, fatigué de son nom de Guillot et qui avait acheté, en basse Normandie, la belle terre de Franquetot, vit par hasard éteindre toute cette maison, ancienne, riche et bien alliée. Cela lui donna envie d'en prendre le nom et la facilité de l'obtenir, personne n'étant plus en droit de s'y opposer. Il obtint donc des lettres patentes pour changer son nom de Guillot en celui de Franquetot, qu'il fit enregistrer au parlement de Rouen et consacra ainsi ce changement à la postérité la plus reculée. Mais on craint moins les fureteurs de registres que le gros du monde qui se met à rire de Guillot, tandis qu'il prend les Franquetot pour bons, parce que les véritables l'étaient, et qu'il ignore si on est enté dessus avec du parchemin ou de la cire. Coigny donc, devenu Franquetot et dans les premiers grades militaires, partagea, avec les Matignon, ses beaux-frères, la faveur du Chamillard. Il était lors en Flandre, où le ministre de la guerre lui procurait de petits corps séparés. C'était lui qu'il voulait glisser en la place de Villars et par là le faire maréchal de France. Il lui manda donc sa destination et comme le bâton ne devait être déclaré qu'en Bavière, même à celui qui lui était destiné, Chamillard n'osa lui en révéler le secret, mais, à ce que m'a dit lui-même ce ministre dans l'amertume de son cœur, il lui mit tellement le doigt sur la lettre, que, hors lui déclarer la chose, il ne pouvait s'en expliquer avec lui plus clairement. Coigny, qui était fort court, n'entendit rien à ce langage. Il se trouvait bien où il était. D'aller en Bavière lui parut la Chine ; il refusa absolument et mit son protecteur au désespoir, et lui-même peu après quand il sut ce qui lui était destiné. » — *Mémoires*, édit. Chéruel et Ad. Régnier, t. IV, p. 12.

Ce qui avait échappé au père fut obtenu par le fils. François de Franquetot devint maréchal de France, et, par lettres patentes de février 1747, duc de Coigny. Saint-Simon fait bonne mesure aux mérites du maréchal, et les rappelle avec cette justice heureuse d'être juste qu'inspire l'amitié. Pourtant, il ne se tient pas de montrer, dans l'homme magnifiquement récompensé et digne de cette fortune, le parvenu. A propos de la mère, la comtesse de Coigny, née Matignon, il revient à son thème :

« Madame de Coigny mourut aussi fort vieille ; elle était sœur du comte de Matignon, chevalier de l'ordre, et du maréchal de Matignon. On l'avait mariée à grand regret, mais pour rien à Coigny qui était fort riche. Le fâcheux était qu'il les avoisinait et que ce qu'il était ne pouvait être ignoré dans la Normandie. Son nom est Guillot et lors de son mariage tout était plein de gens dans le pays qui avaient vu ses

pères avocats et procureurs du roi des petites juridictions royales, puis présidents de ces juridictions subalternes. Ils s'enrichirent et parvinrent à cette alliance des Matignon. Coigny se trouva un honnête homme, bon homme de guerre, qui ne se méconnut point et qui mérita l'amitié de ses beaux-frères ; c'est lui qu'on a vu, en son lieu, refuser le bâton de maréchal de France, sans le savoir, en refusant de passer en Bavière, dont il mourut peu après de douleur... Que dirait cette dame de Coigny, si elle revenait au monde? Pourrait-elle croire à la fortune de son fils et la voir sans en pâmer d'effroi et sans en mourir aussitôt de joie? »
— *Mémoires*, t. XI, p. 174.

Avec Saint-Simon, il faut toujours tenir compte de la malveillance qui est sa passion quand il s'agit de noblesse. Il eût voulu être le seul duc du royaume. Son orgueil souffre à reconnaître l'antiquité des familles qui partagent avec lui la pairie. A abaisser les autres maisons il lui semble élever la sienne. Ici, sa jalousie de duc et pair fait tort à son impartialité de généalogiste. Non content de prétendre que la roture de Guillot s'était artificiellement entée sur la noblesse des Franquetot, il précise la date et les phases de la métamorphose : le grand-père du maréchal s'est, de Guillot, transformé en Coigny, et le père du maréchal s'est transformé, de Coigny, en Franquetot. C'était rendre facile la vérification. Or, voici ce que les titres et papiers établissent :

Le maréchal François de Franquetot, duc de Coigny,
eut pour père :

Robert-Jean-Antoine de Franquetot, comte de Coigny,
lieutenant général, marié à Françoise de Goyon Matignon. Celui-ci était fils de

Jean-Antoine de Franquetot, comte de Coigny, maréchal de camp, capitaine lieutenant des gendarmes
d'Anne d'Autriche. Il avait épousé Madeleine Palry
dame de Villeray, d'une vieille famille de Normandie.
C'est en récompense de ses services que la terre de
Coigny fut érigée en comté en 1650.

Donc le père du maréchal ne prit pas le nom de
Franquetot, mais le porta dès sa naissance, l'ayant reçu
de son père, et celui-ci, le grand-père du maréchal,
non seulement n'était pas Guillot, mais était déjà
Franquetot.

Il l'était par son père, Robert de Franquetot, président
à mortier au parlement de Normandie. Lui-même était
né d'Antoine de Franquetot, marié à Eléonore de Saint-
Simon Courtemer, également président à mortier, et
qui transmit à son fils sa charge et son nom.

Donc, en remontant jusqu'à la fin du xvie siècle,
les Coigny sont, de fils en père, Franquetot, quoi qu'en
dise Saint-Simon. Appeler, comme il le fait, « petites
charges de judicature » des présidences au parlement de
Normandie, traiter en manants non décrassés des magis-
trats qui trouvaient femme dans la bonne noblesse, est
avoir le dédain un peu étourdi. Et si la dame de Saint-

Simon qui entrait dans cette famille au commencement du xviie siècle, et si le Saint-Simon qui succéda
en 1637 à un de ces Franquetot dans la lieutenance
générale du Cotentin étaient liés par quelque parenté à
l'auteur des *Mémoires*, il amoindrit sa propre famille à
déprécier celle des Franquetot. Les vouloir Guillot en
dépit des textes, c'est précisément faire ce qu'il leur
reproche, parler pour « le gros du monde » qui rit de
confiance, et oublier les « fureteurs de documents ». Si
des Guillot s'entèrent sur les Franquetot « avec du
parchemin et de la cire », ce fut à une époque très
ancienne. Où l'antiquité de toute usurpation nobiliaire
est noblesse. Il n'y a guère de famille, même parmi les
plus grandes, qui n'ait couvert son premier nom d'ornements héraldiques ; le tout était de s'y prendre tôt. Les
Franquetot, eussent-ils été jadis Guillot, avaient fourni
une hérédité de bons gentilhommes, vécu noblement,
utilement. Même le père du duc de Saint-Simon n'avait
pas conquis la faveur de Louis XIII par des services
comparables, s'il faut en croire Tallemant des Réaux :
« Le roi prit amitié pour Saint-Simon à cause que
ce grand garçon lui rapportait toujours des nouvelles
certaines de la chasse et que, quand il portait son cor,
il ne bavait pas dedans. »

Les Coigny et les Saint-Simon d'ailleurs offrent une
matière à une étude plus importante qu'une controverse
sur l'antiquité du nom. Ils sont tous deux un exemple
de la rapidité avec laquelle la sève héréditaire s'épuise

dans les familles illustres, après avoir lentement préparé et mûri son fruit de gloire. Quand Saint-Simon a sonné, dans un cor plus retentissant que celui de son père, où sa malveillance bave sans gêne, et durant une chasse impitoyable, l'hallali d'un siècle, sa race est à bout d'énergie. Elle a créé son grand homme, elle n'enfantera plus, sauf, après plus d'un siècle, le Saint-Simon moitié prophète et moitié rêveur d'une civilisation nouvelle, un esprit où survit de la puissance mais où l'équilibre est rompu. Et, après ce sophiste, le nom tombe dans l'*in pace* des gloires mortes.

Avec le maréchal de Coigny, la noblesse, la célébrité et la fortune, lentement faites, légitimement accrues, d'une famille, sont parvenues à leur apogée. Son fils Jean-Antoine, lieutenant-général, vit sur la gloire paternelle et se fait tuer par le prince de Dombes, en 1748. Il laisse deux fils et la famille se divise en deux branches.

LA BRANCHE AINÉE

L'aîné, Marie-François-Henry de Franquetot, hérita le titre de duc et l'immense domaine de Normandie, les terres de Franquetot et de Coigny avec leurs deux châteaux, Coigny, la vieille demeure féodale, et Franquetot bâti par le maréchal, dans le style du xviiie siècle. La

supériorité de ce duc n'était ni l'esprit, ni le talent militaire, ni même la beauté, mais « un excellent maintien,
un ton exquis, une raison simple et juste, du calme et
de la politesse[1] », mérites de cour, grâce auxquels il se
fit une place dans le cercle le plus intime de la reine
Marie-Antoinette. En 1814 il fut nommé pair, maréchal
de France et gouverneur des Invalides. Il mourut en
1822.

Il avait eu un fils, le marquis de Coigny, lequel,
fidèle et inutile aux Bourbons durant l'émigration,
obtint de Louis XVIII le titre et la pension d'officier
général et mourut en 1816. Toute sa célébrité lui vint
de la marquise sa femme. Mais celle-ci, malgré sa réputation immense et méritée d'intelligence, était de ces
esprits transfuges et redoutables aux intérêts dont
ils semblent solidaires. Au lieu de servir l'union de
l'aristocratie et du trône, elle travailla avec passion à la ruine de la monarchie, applaudit, par haine
de la famille royale, aux excès de la Révolution. Loin
qu'elle se sentit liée à la cause que soutenait son mari,
elle était aussi rebelle à l'ordre familial qu'à l'ordre
politique, et finit par divorcer.

De son mariage avec le marquis étaient nés deux
enfants :

1° Une fille, qui reçut à sa naissance, le 23 juin 1778,
les noms d'Antoinette-Françoise-Jeanne, mais que sa

1. Tilly. *Mémoires*, t. II, p. 112.

mère appela toujours Fanny. Mariée, en 1805, au général comte de Sébastien, elle mourut en couches, en 1807, à Constantinople où son mari était ambassadeur. L'unique fille qu'elle laissait épousa le duc de Choiseul-Praslin, de qui elle eut sept enfants, dont trois fils ;

2° Un fils, Gustave de Coigny, qui avait servi dans l'armée française, tandis que son père et son grand-père étaient émigrés, perdit un bras à Smolensk et s'établit en Angleterre au retour des Bourbons. A la mort de son grand-père, en 1822, il recueillit le titre de duc et épousa, la même année, Henriette Dundas, fille de sir Henry Dalrymhe Hamilton et fit souche dans la noblesse anglaise. Le duc n'eut de son mariage que deux filles. L'une s'était mariée à lord Stair, et est morte laissant un fils, M. Dalrymhe-Stair, qui a écrit une histoire de la famille Coigny ; l'autre a épousé le comte Manvers et vit à Londres. Ce sont elles qui ont recueilli la fortune de la branche aînée et par suite les domaines de Franquetot et de Coigny [1].

Le duc Gustave, qui mourut le 2 mai 1865, légua son titre à celui de ses petits-neveux, enfants de sa sœur, la maréchale Sebastiani, qui relèverait son nom.

---

1. J'ai dû ces communications sur la branche aînée des Coigny à M. le comte Fleury. Il a bien voulu mettre à ma disposition, avec une générosité rare aujourd'hui, des notes importantes et rédigées avec l'exactitude qu'il apporte dans toutes ses études d'histoire.

LA BRANCHE CADETTE

Le comte Augustin-Gabriel de Coigny, chevalier d'honneur de madame Élisabeth, avait par son mariage avec Josèphe de Boissy arrondi sa fortune. Il avait hôtel à Paris, rue Saint-Nicaise, et en Brie la terre de Mareuil achetée, le 13 juillet 1771, du marquis de Chazeron. Le domaine était considérable et le château avait été bâti au temps de la Renaissance par la duchesse d'Alençon.

Le comte de Coigny eut pour principale occupation de dessiner des jardins. Il fut un des premiers qui aux tracés géométriques où l'on enfermait et contraignait la nature, préférèrent les lignes et les plantations où l'on s'efforçait de la comprendre et de la respecter. Le comte s'ingénia à embellir son domaine en le transformant. Son goût devint célèbre et ses travaux à Mareuil passaient pour une merveille, que le chevalier de l'Isle a décrite en vers enthousiastes.

La fortune réunie du comte et de Josèphe de Boissy était destinée à Aimée de Coigny, leur fille unique, et même lui appartint pour partie dès 1775, à la mort de sa mère. Il ne sera pas superflu de donner ici un extrait de l'inventaire dressé alors et où se trouvent d'intéressants détails sur les parures, les vêtements, le mobilier et la décoration des pièces au xviiie siècle.

INVENTAIRE DE MADAME LE COMTESSE DE COIGNY

dressé par M⁰ Piquais, notaire à Paris, et M⁰ Guillaumont.

L'an mil sept cent soixante-quinze, le lundi trente octobre, trois heures de relevée, à la requête de très haut et très puissant seigneur Augustin-Gabriel de Franquetot, comte de Coigny, brigadier des armées du Roy, gouverneur des ville et château de Fougères, en Bretagne, tant en son nom à cause de la communauté de biens qui a existé entre lui et feue très haute et très puissante dame Josèphe Michel de Boissy, comtesse de Coigny, son épouse, qu'au nom et comme tuteur honoraire de très haute et très puissante demoiselle Anne-Françoise-Aymée de Franquetot de Coigny, sa fille mineure et de ladite feue son épouse.

Et en la présence de Louis-Vincent-Benoiston de Châteauneuf, au nom et comme tuteur honoraire de mad. demoiselle de Coigny, et d'Antoine-Denis Goblain, écuyer, au nom et comme subrogé-tuteur de ladite Mad. demoiselle de Coigny.

Mad. demoiselle de Coigny habile à se dire et porter seule héritière de madame veuve comtesse de Coigny, sa mère.

A la conservation des droits desdites parties et de tous autres qu'il appartiendra, il va être procédé par les cons^{ers} notaires du Roy et pour les soussignés, être fait inventaire et description de tous les biens, meubles meublants, titres papiers et autres effets généralement quelconques dépendant de la communauté de biens d'entre ledit seigneur comte de Coigny et ladite dame son épouse et de la succession de ladite dame, trouvés et étant dans l'appartement qu'occupe ledit comte de Coigny et où ladite dame son épouse est décédée le 23 du présent mois d'octobre, appartement dépendant de l'hôtel situé à Paris, rue Saint-Nicaise, paroisse de Saint-Germain-l'Auxerrois.

34

Dans un salon de compagnie ayant vue sur la rue : une grille de feu en deux parties, pelle, pincettes et tenailles de fer poly partie garnie en cuivre ; une paire de bras de cheminée à deux branches en cuivre doré ; une paire de flambeaux à la grecque, aussi en cuivre doré, prisé le tout Livres .   60

Un pot à l'eau et sa cuvette de porcelaine blanche de Sèvres à bords dorés ; deux grands vases à l'ancienne porcelaine de Chine, montés sur leurs socs de cuivre doré d'or moulu ; deux cocqs aussi d'ancienne porcelaine aussi montés sur leurs socs et cinq figures de Chine toutes mutilées, prisé le tout . . . Livres   160

Un secrétaire en armoire en bois peint façon de laque garny de bronze et carderon de cuivre d'or moulu et à dessus de marbre sanguin ; une petite table à secrétaire en bois de rose ; un écran à tablette, prisé le tout . . . . Livres   120

Six fauteuils à bois dorés foncés en crin, couverts de damas cramoisy ; une chaise longue en deux parties foncée en crin, garnie de matelas et coussins, le tout couvert de velours cizelé de trois couleurs ; une tenture (paravent) en cinq parties de papier velouté, collé sur toile, deux rideaux en quatre parties de deux leys chacun, sur trois aunes et un quart de haut en taffetas en carreaux cramoisy et blanc, prisé le tout . . . . Livres   240

Dans une chambre à coucher ensuite ayant même vue, une grille de feu à deux parties, pelle, pincette et tenailles de fer poly avec ornements de cuivre doré, une paire de bras de cheminée à deux branches de cuivre en couleur, prisé le tout. . . Livres   80

Une bergère et quatre fauteuils à bois rechampy, foncés de crin et couverts de velours d'Utrech vert ; une couchette à deux dossiers à fond sangle, la

housse du lit en baldaquin de damas verd, avec
rideaux de serge de pareille couleur, deux rideaux
en quatre parties de taffetas de Florence verd et
bleu ; huits leys de tenture sur deux aunes un quart de
haut en damas à palmes verd, prisé le tout. . Livres   400

A l'égard de six tableaux, tant pastels que peints à
l'huile, portraits d'hommes et femmes, il n'en a été
fait aucune prisée, comme portraits de famille.

Une lanterne de veille garnie de cuivre doré,
prisée . . . . Livres   20

Dans un garde-robe, à côté, ayant vue sur la rue :
une table de nuit en noyer et à dessus de marbre,
un bidet et son vase, une chaise de commodité en
canne et son vase avec coussins de peau rouge, prisé
le tout. . . . . Livres   14

Dans une autre garde-robe, ayant aussi vue sur
la rue : une table de nuit de trois pieds de long, à
dessus de marbre, garnie de ses vases, une autre
plus petite en placage et garnye de deux marbres
brèche d'Alep ; un bidet en noyer à dessus de maroquin, prisé le tout . . . . Livres   50

Une tablette en encoignure, prisée . . . . Livres   12

Chambre à coucher de madame, ayant vue sur la
cour : une grille de feu à deux parties, pelle, pincettes et tenailles de fer poli avec ornements à recou-
vrements en cuivre doré d'or moulu ; une paire de
bras de cheminée à trois branches aussi de cuivre
doré d'or moulu, prisé, avec une paire de flambeaux
en cuivre doré . . . . Livres   160

Une commode en bois de Rapont et satinée et à
dessus de marbre rouge ; une table en chesne ; un
fauteuil foncé de crin couvert de panne cramoisye,
prisé le tout . . . . Livres   80

Deux fauteuils en cabriolets, six autres à coussins; deux bergères et un canapé à deux places en bois peint en gris, foncés de crin et couverts en damas de trois couleurs, six pantières de trois lez chacune; six leys de tenture en quatre morceaux sur deux aunes trois quarts de haut; un lit à colonnes à la turque, composé de sa couchette sanglée à bois doré de cinq pieds et demy de large, garny en dehors et en dedans de quatre rideaux en quatre parties de deux lez chacun sur trois aunes moins un quart de haut, de taffetas à carreaux cramoisy et blanc; un tabouret bout de pieds couvert de damas de trois couleurs et trois écrans de taffetas à carreaux, prisé le tout. . . . . Livres   **2.400**

Une tasse à chocolat et sa soucoupe en porcelaine de Sèvres, bords dorés; une tasse et sa soucoupe aussi en porcelaine de Sèvres, fond blanc à fleurs; une autre couverte de sa soucoupe en pareille porcelaine peinte en mosaïque; une autre tasse couverte de sa soucoupe en porcelaine de Saxe blanche dorée et à fleur, prisé le tout . . . . Livres   **80**

Dans un cabinet de toilette ensuite : un chiffonnier à trois tiroirs, en bois de placage et satiné, garny d'entrées de serrures, carderons et sabots de cuivre doré; une commode à la Régence à deux tiroirs en bois peint façon de laque garny de carderon et sabots de cuivre doré et à dessus de marbre brèche d'Alep; une petite table à écrins en bois de placage et satiné; un guéridon en noyer et acajou, garny de deux balustrades de cuivre doré se mouvant à crans; un petit secrétaire à ravalement en bois de placage et au dessus un marbre blanc; le tout prisé . . . . Livres   **144**

Deux rideaux en quatre parties de deux lez et demy de damas cramoisi, prisés. . . . . . Livres. 150

Dix estampes ponts de mer de Vernet sous verre et bordure dorée et dix-sept autres estampes dont l'*Accordée de village*, prisés . . . . Livres. 200

A l'égard de deux tableaux peints à l'huile représentant M. et madame de Boissy dans leur bordure de bois doré, il n'en a été fait aucune prisée comme portraits de famille.

Sous les remises, une diligence de campagne montée sur un train à quatre roues, peinte en gris, à panneaux armoriés, doublée en velours d'Utrecht gris à trois glaces, montée sur des supentes en corne de cerf, prisée avec une paire de harnais . . . . Livres. 480

Une chaise à porteur à panneaux gris aventurinés, doublée en velours d'Utrecht bleu à trois glaces, prisée . . . . Livres. 120

Dans une des armoires cy-devant inventoriée suit la garde-robe de madame la comtesse de Coigny :

Effets d'habillements divers estimés . . . Livres. 6.000

Une garniture de robe composée de ses deux étolles, grand volant chicorée, tour de robe, devants de corps, manchettes à trois rangs, fichus, bavolets et deux barbes, le tout de dentelles d'Angleterre ; une paire de manchettes à trois rangs de Valenciennes, une garniture et bavolet pareille dentelle, fond entoillage, une paire de manchettes à trois rangs fichus, devants de corps barbe, bavolet et fond, le tout en point d'Argentan ; deux paires de manchettes à trois rangs d'Angleterre montées sur entoillage, deux coiffes de dentelle, deux paires d'amadis garnyes de dentelles, deux fichus de den-

telles montés sur entoillage ; onze bonnets ronds à
deux rangs garnis de différentes dentelles ; un drap
de lit de taffetas couleur de soye, couverte de linon
brodé, un drap de lit de repos en taffetas couleur
de soye garni de dentelle, un manteau de lit et un
mantelet de dentelle doublé de taffetas rose, deux
taies d'oreiller garnies en dentelles, prisé le tout
ensemble. . . . . Livres. 4.000

Bijoux à l'usage de madame la comtesse :

Une montre d'or, médaillon émaillé, fond azur,
chiffre en or avec un cordon de cheveux, prisé Liv.   240

Une toilette composée de son pot à l'eau, sa
cuvette, tasse à bouillon, deux boîtes à poudre,
deux pots de pommade, coffre à racine, deux flambeaux et leurs bobèches, un plateau et deux gobe-
lets couverts, le tout de l'argent, poinçon de Paris,
le tout pesant ensemble vingt-trois marcs, prisé Liv. 1.177

Suivent les diamants dont la prisée va être faite
par le sieur Guilliaumont, maître orfèvre-joaillier,
demeurant à Paris, Cour-Neuve du Palais.

Un diamant brillant monté en bouton de col,
prisé. . . . . Livres. 1.000

Soixante-douze diamants montés en chaton, prisés
ensemble. . . . . Livres. 3 000

Un collier de diamants brillants à trois rangs de
chaton au nombre de quatre-vingt trois, une chaine
de quatre diamants, un petit nœud et une pende-
loque, prisé le tout ensemble . . . . . . Livres. 8.000

Une paire de girandoles de diamants brillants, les
boucles et les pendeloques à simple entourage,
prisé. . . . . Livres. 8.000

Une paire d'anneaux d'oreilles et une épingle de
diamants brillants, prisées . . . . Livres.   400

Un médaillon et sa chaîne monté en or avec des
diamants rouges, prisé . . . . Livres.   120

Du dit jour, 8 novembre 1775 :

Une corbeille garnie de soucis et fleurs en rubans,
trois sacs à ouvrage en taffetas, cannelés, brodés en
soye or, paillettes et paillons ; six éventails en yvoir,
partie incrustée, le tout garny de papier et linon ;
deux toques et bonnets garnis de fleurs et vabouk Liv.   40

Quatre croites de couche, trois linges de ventre et
une chemise de couche . . . . Livres.   8

Suit la garde-robe de M. le comte de Coigny :

Quarante-deux chemises tant de jour que de nuit,
la plupart à garniture, les autres garnies de ba-
tiste ; six pantalons tant en basin que mousseline
brochés et rayés ; dix-huit tant vestes que gilets en
toille de cachou et basin, deux culottes de basin,
trois pantalons en fil tricoté, prisé le tout . Livres.   280

Seize paires de bas de soie tant blancs que gris Liv.   90

Une veste de lanquin brodée en perse soye et or,
deux vestes de mousseline brodées en or, une veste
de gourgouran blanc brodée en soye de Coulteurs et
vingt-quatre paires de soye blanche . . . Livres. .   182

Un habit veste et culotte de petit velours de trois
couleurs ; un autre habit veste et culotte de velours
de quatre couleurs, doublés en satin ; un habit veste
et culotte de drap fond or ornés d'une broderie à
paillettes et paillon, la veste fond argent ; un habit
veste et deux culottes de drap fond argent à petites
fleurs, l'habit doublé d'agneau et d'astrakan noir ;
un habit veste et culotte de camelot noir ; un habit
et veste de velours à la Reyne noir ; un autre
habit de velours de soye noir ; un habit veste et
culotte de ratine brune doublée de satin ; un

habit veste et culotte de drap d'Holande gris
doublé de satin bleu ; un surtout de drap de
chamois à brandebourgs, boutonnières et boutons
en or ; un habit petit carrelé rayé rouge et blanc,
un fraque de camelot de soye, un habit veste
et culotte de prussienne ; un surtout uniforme
du petit équipage de la chasse du Roy ; un autre
surtout de grand équipage de la chasse du Roy ; un
autre surtout de grand équipage et un surtout de
la chasse du duc d'Orléans ; un domino de taffetas
brun, prisés ensemble . . . . Livres. 2.200

Huit paires de manchettes de point d'Argentan,
trois paires de manchettes de toile d'Angleterre et
six paires de manchettes de filets garnies d'éfilés,
prisées le tout. . . . . Livres.   720

Suivent les bijoux à l'usage de M. le comte de Coigny :

Une épée à garde et poignée d'argent . . Livres.   30

Une autre épée à garde et poignée d'argent doré Liv.   30

Un couteau de chasse en bayonnette à manche
d'ébène garny en argent, prisé avec son ceinturon Liv.   12

Une paire de boucles de souliers et une à jarre-
tière à tours en or, chappes d'acier . . . . Livres.   192

Du lundi 20 novembre, an 1775. — Au château
de Mareuil-en-Brie. — Dans une chambre au pavillon rouge et en bas.

Une grille de feu en deux parties, pelle, pincette
et tenaille et un fauteuil en confessionnal foncé de
crin, couvert de vieux damas cramoisi, six fauteuils
à bras foncés de crin, avec housse de damas cramoisy à galons de soie ; un grand fauteuil couvert
de tapisserie de point à l'aiguille ; quatre pièces de
tapisserie verdure servant de tenture ; un lit, tra-
versins, couverture d'indienne piquée, la housse du

lit à l'impériale composé de son ciel, pente de dehors et de dedans, fond, dossier, bonnes grâces, courte pointe, le tout à pente de damas cramoisy orné d'un galon de soye jaune, le surtout du lit en serge de pareille couleur, prisé le tout . . . . . Livres. 544

Dans la chambre ensuite dite chambre rouge :

Un grand canapé à trois places, quatre chaises et huit fauteuils couverts de serge cramoisye ; dix-huit aulnes et demy de court de camelot de laine, deux portières de camelot moiré ; un lit avec courte-pointe de toile d'orange piquée, la housse dudit lit en dedans de satin blanc ; les tentes, bonnes grâces et surtout en serge cramoisye, le tout orné d'un galon d'or faux, prisé . . . . Livres. 540

Dans une garde-robe à côté :

Trois pièces de tapisserie de verdure, deux chaises, un bidet, une chaise à commodité et une table de nuit, prisé . . . . Livres. 90

Dans un cabinet de toilette ayant vue sur les cascades :

Un canapé à trois places, quatre fauteuils à bras couverts de tapisseries de point à l'aiguille, deux pièces de tapisseries de verdure, un rideau en deux parties en toile damassée encadrée d'indienne ; une table de toilette garnie de son miroir, carré, tapis et descente de toilette, prisé ensemble. . . . Livres. 12

Dans une salle de billard :

Quatre banquettes couvertes de [tapisseries de point à l'aiguille, un canapé et quatre fauteuils couverts de moquette, quatre portières de moquette, huit morceaux de papier tontine servant de tenture, une table à pied rechampi et dessus de marbre rame, un reverbère à huit mèches, un petit jeu de

trou madame, un billard de douze pieds de long sur
cinq pieds huit poulces de large garni de ses billes,
masses, queues et bistoquets, prisé . . . . Livres.   360

  Dans un salon de compagnie ayant vue sur le
   jardin :

Un lustre à huit branches en cuivre doré d'or
moulu, une table de marbre sur son pied en bois
rechampi et sculpté, un miroir d'une seule glace
hors de tain de quarante-huit poulces de haut sur
six de large dans sa bordure et chapiteau de glace
avec ornements de bois sculpté doré, prisé. Livres.   360

Une niche à chien couverte de damas de trois
couleurs, un écran à tablette garni de papier de la
Chine, un petit écran de cheminée à quatre feuilles
garni de taffetas de Florence bleu, une table à écrire
à bois de placage, une table de brelan, quatre
canapés à trois places, quatre bergères à coussins et
rondins, six chaises, douze fauteuils, le tout à bois
rechampi bleu et blanc, couverts tant en velours
d'Utrecht que damas bleu ; huit portières de deux
layes et demi chacune damas bleu, douze parties de
rideaux de deux layes et demi chacune sur trois
aulnes et demie de haut, prisé . . . . . . Livres.   1.025

Une pendule dans sa boiste, sur son pied et sur-
montée de son trophée, mousqueterie d'émail, à
cadran de cuivre or, prisé . . . . Livres.   96

Une paire de branches de cheminée à trois
branches en fer-blanc peint et à fleurs d'émail . Liv.   8

  Dans les caves sous le château :

Une pièce de vin rouge cru de basse Champagne
contenant deux cent quarante bouteilles ; une autre
pièce de vin rouge même cru ; une pièce de vin
blanc même cru et même jauge, prisé . . Livres.   160

Mille vingt bouteilles en différents vins tant blancs
que rouges en vins d'Épernay, du Rhin, Mulsan,
Auxerre, Rhums, Ay, Langon et Malaga, ensemble L.   1.200
    Quarante et une bouteilles d'eau-de-vie, prisé Liv.   20

Mais les malheurs publics et les fautes privées
s'unissent pour dissiper cette richesse. Pour Aimée, le
désordre de la fortune alla de pair avec celui des mœurs.
La première atteinte fut, il est vrai, l'œuvre de l'époux
légitime. Le duc de Fleury gaspilla les ressources mobi-
lières de la communauté, jusqu'à vendre les diamants
de sa femme. L'hôtel de la rue Saint-Nicaise semble
n'appartenir plus à la famille dès 1793; c'est chez sa
belle-mère, la duchesse douairière de Fleury, rue
Notre-Dame-des-Champs, qu'Aimée habite, même
quand elle a demandé le divorce contre son mari.

Du moins celui-ci avait-il laissé intactes à sa femme
la terre de Mareuil et ses bonnes fermes. Montrond
coûta à Aimée les fermes, qui disparurent dans des
pertes de jeu. Restaient le château et le parc; Aimée
dut les vendre dès l'an X pour subvenir aux frais
de son existence commune avec Garat. Dès lors, elle
fut, comme elle le dit, une « pauvre citoyenne »,
d'abord logée, quand elle quitta Garat, par la princesse de Vaudemont, puis installée place Beauvau, 88,
dans un appartement dont elle payait le loyer dix-huit
cent francs. Dans cette demeure étroite, quelques beaux
meubles de famille et quelques objets d'art restaient

les témoins de l'ancienne opulence; le contraste, image
de sa vie, ne changea rien à son humeur, et, soit
orgueil, soit détachement, ces restes de splendeur, dans
sa médiocrité nouvelle, lui étaient des souvenirs et
pas des regrets. C'est là qu'elle recueillit, en fille toute
dévouée et tendre, son père revenu d'émigration. Le pla-
cement de quelques capitaux, prix des dernières ventes
faites à Mareuil en l'an X, les secours accordés au comte
et peut-être à Aimée elle-même par le duc de Coigny,
deviennent les uniques ressources du père et de la fille [1].

Le comte mourut au retour des Bourbons, trop tôt
pour qu'il fût restitué en quelques-uns de ses biens et
les transmît à sa fille. Pas davantage elle ne put
prendre sa part des faveurs accordées alors à son ancien
époux, le duc de Fleury, qui, fidèle compagnon de
l'exil, se trouva, dès la Restauration, premier gentilhomme de la chambre. Si Aimée, en dépit de ses griefs
et de ses torts, était demeurée, même de loin et de
nom seul, l'épouse de ce mari, si elle n'avait pas
contracté d'autres liens, elle eût été de moitié dans les

---

1. Dans son testament Aimée a écrit : « Pour les petites dettes
de marchands ou autres qui resteraient à acquitter, je désire que
ma famille y fasse honneur sur une somme qu'elle assignerait elle-
même, supposant, par exemple, que j'eusse vécu quatre ans, ce qui
vraiment était dans les choses non seulement probables, mais presque
indiquées par mon âge et ma santé. » Cela peut signifier également : ou que la famille est priée de réserver pendant quatre ans,
pour cette liquidation de comptes, les revenus laissés par la testa-
trice ; ou que la famille est priée de verser encore pendant quatre
ans la pension qu'elle servait à Aimée de Coigny et d'éteindre ainsi les
dettes.

avantages de fortune et de rang restitués au duc, et elle les aurait payés d'un court sacrifice, puisque le duc de Fleury mourut en 1816. Mais entre elle et lui, comme entre elle et la Cour, le mariage de la duchesse de Fleury avec Montrond avait mis de l'irréparable. Au lendemain du jour où elle a, plus activement que la plupart des royalistes, travaillé à la restauration de la monarchie, à l'heure où les Bourbons dédommagent les plus inutiles de leurs partisans, Aimée de Coigny reste ignorée de ceux qui reviennent.

Le sort ne s'occupe plus d'elle que pour la dépouiller une fois encore. Un incendie dans l'appartement de la place Beauvau détruit ou endommage ces restes de luxe et d'art, qui défendaient, de leur élégant et frêle rempart, la grande dame contre les vulgarités de la vie pauvre, fait disparaître les quelques titres de créances d'où elle tirait ses revenus, la chasse elle-même de sa demeure. Elle subit cette humiliation d'être recueillie, rue de la Ville-l'Évêque, par cette marquise de Coigny à qui autrefois elle a voulu enlever Lauzun. La marquise, oubliant qu'elles avaient été rivales, pour se souvenir qu'elles étaient parentes, lui ouvre sa maison.

C'est là qu'Aimée malade écrivit de sa main le testament que voici :

« Aujourd'hui neuf janvier mil huit cent vingt, demeurant chez ma cousine rue Ville-l'Évêque n° 7, quartier du Roule, je confirme la donation du billet de trois mille francs que j'ai fait à Marie, ma femme de chambre, lui laissant le droit de réclamer cette somme de trois mille francs six mois après ma mort. Plus je reconnais la donation que je lui ai faite de meubles dont elle jouissait place Beauvau et dont je n'ai pu revêtir l'inventaire de ma signature. J'y ajoute un billet de mille francs qu'on lui donnera quinze jours après ma mort.

» Mes dispositions précédentes étant consignées dans un écrit, je les annule parce que plusieurs sont déjà remplies.

» Voici ce que je désire qu'il subsiste :

» 1° Un diamant de cent louis au bon M. de Châteauneuf auquel je lègue cette faible marque d'une reconnaissance qui m'a suivie jusqu'au dernier moment;

» 2° Tous mes livres, papiers, albâtres, porcelaines, à M. de Boisgelin, auquel je lègue surtout, j'espère, la reconnaissance et l'amitié de toute ma famille;

» 3° Tout ce qui est argenterie à ma cousine. Elle retrouvera dans ce petit fatras dépareillé des souvenirs sensibles de tous les nôtres, depuis le maréchal de Coigny qui a secouru la noble misère de son frère jusqu'aux attentions délicates de Gaston.

» J'aurais voulu léguer à mon oncle l'image de son excellent frère; l'incendie nous en a privés.

» Que le maréchal de Coigny trouve ici l'expression d'une reconnaissance qui ne peut être suspecte.

» Que Gaston et le général Sébastiani y trouvent aussi celle d'un sentiment dont, j'espère, ils n'ont pas douté pendant ma vie et que Gaston surtout acquierre

bien la conviction que jamais, *jamais*, et je le répète
en ce moment solennel, aucun vil commérage n'a pu
me porter à dire du mal de lui à mon respectable
père.

» Je souhaite aussi que ma cousine apprenne ici ou
se confirme dans la pensée que, depuis que je suis née,
je l'ai aimée et que ce sentiment n'a jamais cessé d'exis-
ter jusqu'à ma mort.

» Pour les petites dettes de marchands *ou autres* qui
resteraient à acquitter, je désire que ma famille y fasse
honneur sur une somme qu'elle assignerait elle-même,
supposant, par exemple, que j'eusse encore vécu quatre
ans, ce qui vraiment était dans les choses non seulement probables, mais presque indiquées par mon âge et
ma santé.

» Que M. le prince de Talleyrand, qui a la bonté
de se charger de remettre ce papier à M. le maréchal
de Coigny, ce papier qui sera lu devant lui par toute
ma famille, reçoive par elle et avec elle l'assurance des
sentiments d'amitié dont il a rempli mon cœur depuis
qu'il m'a permis de le connaître tout à fait et qu'il a
bien voulu m'admettre dans son intimité.

» AIMÉE DE COIGNY. »

L'essentiel manque à ces dernières pensées, puisque
l'approche de la mort n'inspire à cette femme aucune
sollicitude de l'au delà. Mais du moins le calme de sa
fin sans espérances a-t-il la gravité décente de vertus

tout humaines. Les liens du sang, qu'elle a respectés
par son amour filial, mais que, cette affection exceptée,
elle a tenu pour nuls, lui deviennent réels et chers.
Dans la suite des aventures où s'égarait son cœur, elle
n'a trouvé stables que ces affections maintenues par la
solidarité de la race. Si calmes, si tièdes qu'elles aient
été pour ses malheurs, du moins ne lui sont-elles pas
restées étrangères et, grâce à elles, ses derniers jours
ne connaissent pas la cruauté du complet abandon. Cette
tardive douceur apprend à cette femme plus de justice
pour la famille dont elle a si longtemps fui les servi-
tudes et méconnu l'utilité. Dans cette demeure où les
siens l'ont amenée, dans ce lit où ils la soignent, elle
se sent associée à un nom, à un rang, à des souvenirs,
à des intérêts qui n'appartiennent pas à elle seule. Et il
lui paraît juste que les débris de sa fortune héréditaire
restent après elle aux gardiens de ce passé et de cet
avenir.

Cette justice lui inspire, avec la générosité des dons,
celle des regrets. Ce n'est pas assez d'offrir les pauvres
restes de ses biens, elle voudrait reprendre toutes les
paroles que dans les temps d'indifférence elle a pu dire
sur ses proches, alors si lointains. Elle songe à son autre richesse qu'elle a aussi prodiguée et qu'elle n'épuisa jamais,
à son redoutable esprit. Elle se repent de tout ce que sa
verve accoutumée contre tout le monde, et à certains
moments sa jalousie contre la marquise, ont pu se per-
mettre. Elle reconnaît malfaisantes ces flèches qui

partent toutes seules d'une ironie toujours bandée,
qu'on lance sans dessein de blesser, mais qui s'empoi-
sonnent en route et font d'inguérissables plaies. Il y
a une demande de pardon dans ce rappel des méchants propos qu'on lui aurait prêtés. Il y a le ton de la
sincérité dans ce serment solennel que du moins sa
langue ne fut jamais ni perfide ni fausse. Il y a une
délicatesse inspirée par le cœur dans le legs des souvenirs si bien choisis et si bien offerts à la parente qu'elle
avait offensée.

Si, quand elle désigne à la gratitude de sa famille
M. de Boisgelin, elle offense une pudeur de morale, et
si ce passage du testament achève la preuve que la
lumière du devoir n'éclairait pas la mourante, du moins
choisit-elle avec une pudeur de goût le legs fait à celui
dont elle veut dire le nom une fois encore. Aucun des
objets qu'Aimée a recueillis des Coigny ne passera de la
famille à l'étranger, cet étranger fût-il le plus aimé.
Mais elle lui laisse ce qui est elle-même et elle seule,
les riens qui lui plaisaient, qu'elle s'est donnés, les
albâtres rapportés probablement d'Italie, surtout les
livres qui ont été le plus sérieux intérêt et la plus efficace consolation de sa vie. Et elle remercie de cette
sorte le seul des hom   passionnés pour elle, qui en
elle ait aimé aussi l'in   gence.

Enfin, il y a une exquise délicatesse dans la déférence
qu'elle sait témoigner à Talleyrand. Elle n'a pas de
présents à lui faire. Qu'offrirait sa pauvreté à l'homme

comblé par la fortune? Mais elle veut du moins lui avoir gardé une pensée fidèle jusqu'à la fin et qu'il le sache. Voilà pourquoi elle lui adresse son testament, veut qu'il soit remis et lu par lui aux légataires, que ses proches tiennent, en quelque sorte, leur investiture de son plus constant ami, et qu'entre eux et lui elle soit, même après sa mort, un lien.

Ces délicatesses de raison et de cœur étaient, d'ailleurs, le plus précieux de son héritage. Le temps et l'incendie avaient si fort consumé la fortune d'Aimée qu'il ne lui était guère resté à léguer que des intentions. L'inventaire dressé le 2 février 1820 donne, comme total des valeurs inventoriées, six mille six cent cinquante-neuf et mille cinq cents francs en deniers comptants.

Et l'inventaire ajoute :

« Déclare monseigneur le duc de Coigny qu'à l'époque du décès de madame de Coigny, duchesse de Fleury, sa nièce, il n'existait aucuns deniers comptants autres que ceux ci-dessus constatés. Que, par suite de l'incendie qui s'est manifesté chez ladite dame, il paraît que les titres et papiers qu'elle pouvait avoir ont été brûlés. puisque quelques recherches qu'on ait faites depuis qu'on s'occupe du présent inventaire, il ne s'en est trouvé aucun. Qu'il est à sa connaissance qu'il a été fait, contre la succession dont il s'agit, diverses réclamations pour fournitures et mémoires d'ouvrages faits pour le compte de madame sa nièce, mais qu'il ne saurait fournir aucun renseignement précis à ce sujet. Qu'il est dû le terme courant de l'appartement, dans lequel il est présentement procédé, à raison de dix-huit cents francs par an ; que les frais funéraires ont été payés. Et a monseigneur le duc de Coigny signé en fin de ces déclarations et a signé :

» MARÉCHAL DE COIGNY.

» Avant de clore le présent mémoire, monseigneur le duc de Coigny a fait observer qu'il est dans l'intention d'accepter la succession de madame sa nièce, comme son légataire universel, seulement sous bénéfice d'inventaire. »

Ainsi la famille cadette, s'éteignant avec Aimée de Coigny, disparut sans rien laisser d'elle-même, sinon quelques souvenirs de famille qui furent recueillis par la famille aînée, où des femmes seules ont perpétué la race.

LES PORTRAITS D'AIMÉE DE COIGNY

Ce qui précède fournissait les renseignements utiles à une dernière enquête. Pouvait-on étudier Aimée de Coigny sans rechercher ses portraits?

Il semble que pour comprendre tout à fait une femme il faille l'avoir vue, et combien est-ce plus vrai quand elle doit beaucoup de sa réputation, de ses fautes et de ses malheurs à sa beauté !

Par malheur, la grande artiste qui a dit la perfection de cette beauté, qui a connu intimement cette femme, et qui aurait si bien donné, par les traits de ce visage, l'intelligence de cette nature morale, madame Vigée Lebrun, a écrit sur son amie au lieu de la peindre. Mais plus Aimée était jolie à voir, moins elle avait dû se refuser à la mode des grands portraits que les élégantes faisaient peindre pour elles et des miniatures qu'elles donnaient. Aimée de Coigny écrit à Lauzun, au moment de leur rupture qu'elle essaie de ne pas prendre au sérieux : « Je vous propose en dernière analyse que vous me renvoyiez mon portrait avec mes lettres et qu'à notre première rencontre nous nous assassinions[1]. » Si elle avait donné son portrait à tous ceux qu'elle crut aimer, nous ne manquerions pas de ses images.

Pourtant il ne s'en trouve, que je sache, en aucun de nos musées publics.

S'en trouvait-il dans quelques collections particulières ? Si oui, il était possible que, placés dans une des résidences où Aimée fit son séjour, ils y eussent été laissés quand elle vendit ces demeures, ou qu'ils fussent parvenus par héritage aux Coigny. C'est là que des informations étaient à prendre avec quelque chance de succès.

1. Lettre datée de Mareuil, le 12 février 1793. *Lettres*, etc., p. 158.

Si Mareuil, où Aimée de Coigny habita longtemps et dans l'époque la plus brillante de sa vie, possédait un portrait d'elle, il ne pouvait être inconnu au maître de Mareuil, M. Orville. M. Orville répondit que nul portrait d'Aimée n'y existait.

Restait à s'enquérir auprès de la famille de Coigny.

La résidence historique de cette famille est, en Normandie, le vaste territoire qu'on appelle encore « le duché de Coigny ». Des deux châteaux, celui de Coigny tout féodal a, dès le xviiie siècle, été abandonné pour celui de Franquetot, demeure plus riante et qui, aujourd'hui encore, est entretenue dans son élégance intacte par la descendance anglaise du dernier duc. Parmi les portraits de famille qui s'y sont conservés, celui d'Aimée se trouvait-il? Dans le récit d'une visite à Franquetot, M. A. Dumazet parlait d'« un admirable portrait de femme dont le gardien du château ignore le nom : par le costume, c'est une grande dame de l'Empire ou de la Restauration, peut-être cette belle et admirable mademoiselle de Coigny, qui fut aimée d'André Chénier et qui est l'héroïne de la belle captive, et devint plus tard duchesse de Fleury [1]. »

J'écrivis à Londres, à madame la comtesse Manvers. Elle me fit l'honneur de me répondre qu'il n'y avait à Franquetot aucun portrait d'Aimée, qu'elle connaissait seulement de la jeune femme une miniature possédée

1. Journal *le Temps*, 4 septembre 1895.

par un de ses neveux, et elle eut la bonté de demander
à celui-ci s'il voudrait en faire tirer une photographie.
M. Dalrymhe prit cette peine et une reproduction de la
miniature me fut envoyée. Le portrait est enchassé
dans le couvercle d'une petite boîte ronde. Est-ce une
femme, est-ce une enfant qui montre de face son frais
visage et ses épaules minces? La finesse des joues, la
quiétude du regard qui attend et ignore la vie, la confiance souriante d'un bonheur naïf, sont d'un enfant.
Mais comme une jeune épouse, elle est en grand décol-
leté, des diamants sont mêlés à la chevelure, un lourd
collier de perles entoure la gracilité du col. On dirait
une petite fille qui joue à la dame avec les bijoux de sa
mère. Le tout fait la plus exquise figure et à laquelle on
ne peut reprocher que d'être trop parfaite. Le peintre
avait le modèle à souhait ; il semble qu'il ait voulu
l'embellir encore, en outrant la grandeur des yeux, la
délicatesse des traits et la petitesse de la bouche. Mais
ces moyens classiques de rendre passables les laides
ont — on a du moins cette impression — enlevé ici
de la vérité et transformé un portrait en gravure de
romance.

Si les descendants anglais des Coigny conservent
d'Aimée une image qu'ils m'ont fait connaître avec une
si exquise bonne grâce, une image d'Aimée se trouve
aussi chez les descendants français. C'est une miniature
encore, mais celle-là portant sa date, un portrait d'Aimée fait durant la Terreur, et peint dans la prison où

se trouvait alors « la jeune captive ». Une très jeune
femme est représentée à mi-corps, un bonnet de toile
unie, une chemise sans rubans ni dentelles, une jupe
composent tout son ajustement, la simplicité en con-
vient également à une toilette de nuit ou de prison.
La prison est indiquée par le mur, qui fait le fond
nu et terne du tableau, et par l'unique meuble de la
pièce, la chaise de paille, sur laquelle est assise de côté
la jeune captive. Un bras soutenu par une traverse du
dossier et les mains croisées, elle regarde droit devant elle.
Cette pauvreté voulue de tous les entours et ce naturel
d'attitude ne permettent pas à l'attention de se distraire
sur l'accessoire, la ramènent tout entière à la personne,
à l'harmonie de ses formes, à l'éclat de sa chair, à la
beauté de ses traits. Les bras sortent parfaits des man-
ches grossières ; de la chemise rabattue comme si la
main de l'exécuteur avait déjà commencé sa besogne, le
cou se dégage svelte et délicat ; sa chevelure superbe,
d'un brun doux aux reflets presque blonds, que le petit
bonnet ne parvient pas à contenir toute, fait un nimbe
doré et soyeux au plus régulier, au plus délicat, au plus
jeune, au plus expressif, au plus charmant des visages.
Et non seulement son gracieux ovale, son front qui,
entre la masse de la chevelure et la courbe relevée
des sourcils, semble bas comme celui d'une statue
grecque, le doux éclat de superbes yeux, la finesse
d'un nez dont on devine qu'il se relève légèrement, et
la petite bouche dessinée comme un arc et faite comme

lui pour lancer le trait, donnent l'impression d'une
œuvre sincère, où un peintre expérimenté a fidèle-
ment reproduit l'apparence matérielle du modèle. Il a
su peindre en même temps un caractère moral. La
tristesse de l'heure, du lieu et du costume voilent
mais n'ont pas détruit la gaieté qui erre tout autour
de ces traits ; cette jeune femme aux airs d'enfant a,
par la faute des circonstances, du sérieux malgré sa
nature ; il y a dans ce regard ingénu un étonnement
de la douleur, et au coin de cette bouche un sourire
qui n'ose mais qui deviendra plus hardi au premier
beau jour. A cet art d'exprimer par des couleurs l'invisible se révèle un grand artiste.

Il n'a pas signé son œuvre, que, d'ailleurs, il n'a pas
finie ; la tête seule est achevée, les mains sont ébau-
chées à peine. Par contre, deux inscriptions gravées à
la pointe barrent chacune de trois petites lignes le fond
du tableau, à droite et à gauche du portrait. A gauche
est écrit : « La veille — du dernier jour — oh ! mon
Dieu !... » A droite : « Résignation angélique — Conciergerie, 1793 — Priez pour elle !... » Cette épigraphie
m'a donné un instant d'inquiétude. Comme la « jeune
captive » n'a pas été arrêtée en 1793, qu'elle n'a pas paru
à la Conciergerie, et que la veille de son dernier jour,
alors lointain, ne s'est pas passée en prison, ce portrait
ne serait-il pas celui d'une autre ? Mais comme une
tradition certaine et ininterrompue de famille n'a pas
cessé de reconnaître en cette miniature Aimée de

Coigny, ces lignes — dont l'écriture semble appartenir au commencement du xixᵉ siècle — auront été ajoutées après coup. Elles sont seulement un témoignage de cette sensiblerie littéraire que les malheurs, même véritables, n'avaient pas guérie de la déclamation et à qui il suffisait de savoir en gros et en vague les choses, pourvu qu'elle eût prétexte à s'exclamer sur elles. 1793 était demeuré dans la légende l'année des grandes cruautés, c'est de la Conciergerie que les plus illustres victimes étaient parties pour mourir : voilà comment cette date et ce nom se sont présentés à une « âme sensible » qui, fut-ce une parente, se sera émue par à peu près sur l'infortune de la jeune captive, et aura voulu compléter l'œuvre du peintre.

Puisque le portrait est celui d'Aimée, il n'y a pas à tenir compte des fausses indications qu'y a ajoutées une fantaisie d'épitaphe. Et puisque le renseignement qui ne trompe pas, celui qui a été déposé par le pinceau en chaque touche, révèle la main d'un maître, reste à savoir quel est ce maître. En 1794, il y avait à Saint-Lazare, au temps où Aimée de Coigny y séjourna, un peintre parmi les prisonniers, et il n'y en eut qu'un. C'était Suvée. Né à Bruges, il était venu de bonne heure en France, où il avait fait son éducation artistique et où il avait été naturalisé par ses succès. Grand prix de Rome en 1771, membre de l'Académie en 1780, il peignait surtout des sujets d'histoire et ne s'était jamais occupé que de son art. Est-ce quelque ineptie spontanée de la suspicion démagogique, est-ce quelque manœuvre de l'odieux David, le plus vil des grands peintres, le jaloux sans l'excuse de la jalousie, l'illustre et rancuneux ennemi de ses confrères : la Révolution s'occupa de Suvée qui ne s'occupait pas d'elle. Il fut, le 18 prairial an II, écroué à Saint-Lazare. Là, le peintre d'histoire trouva des sujets et des modèles. Tantôt à la demande des prisonniers ou de leur famille, tantôt à la seule sollicitation de son art, il fixa sur la toile plusieurs figures de prisonniers. Ainsi il conserva à la postérité le visage d'André Chénier, et, le jour où Suvée acheva cette toile, il peignit plus que jamais de l'histoire. Il la peignait encore en s'occupant de captifs moins célèbres, qu'il étudiait isolés chacun en son portrait, mais qu'unit le drame dont ils furent ensemble victimes. L'histoire trouve des enseignements jusque dans les détails particuliers à plusieurs de ces portraits. Parmi les plus connus est celui de Trudaine : la dernière des séances données par le financier au peintre fut interrompue par le geôlier qui appelait le modèle pour l'échafaud. Suvée a peint aussi Trudaine de la Sablière et Courbitat, père et beau-frère du fermier général, avec qui ils étaient écroués à Saint-Lazare : l'artiste s'était engagé envers leurs familles, mais les deux prisonniers furent si vite jugés et exécutés qu'il n'eut pas le temps de commencer leur portrait de leur vivant, c'est de souvenir qu'il fit l'un et l'autre. La « jeune captive », jeune, belle, attirante comme elle était, s'imposait à l'attention d'un tel peintre. La miniature qu'il fit d'elle fut une œuvre digne de lui, et l'inachèvement du travail ajoute ici une présomption d'authenticité. Si la miniature demeure en quelques parties à l'état d'ébauche, il y a une raison, la meilleure des raisons pour Suvée : le 18 thermidor il fut mis en liberté. Sa captivité fut donc beaucoup moins longue que celle d'Aimée, et le peintre laissa à Saint-Lazare son modèle et son tableau[1].

Un troisième portrait d'Aimée de Coigny m'a été signalé enfin, et celui-là est le plus important, par M. le marquis Pierre de Ségur. Ce portrait appartient à M. B. de Mandrot. C'est une toile datée de 1797 et signée de Westmüller, le maître viennois que Marie-Antoinette avait attiré à Versailles. La tête et le buste du modèle y sont de grandeur naturelle. La femme est peinte de face. Une profusion de cheveux châtains encadre la tête et tombe presque sur les épaules ; ils sont légèrement poudrés, et quelques grains de cette poudre, tombés sur l'épaule gauche, étendent un petit reflet blanc sur le velours gris foncé de la robe. La femme paraît sensiblement moins jeune qu'elle n'aurait dû être, si Suvée l'a bien vue en 1794. Entre la

---

1. Nommé directeur de l'École de Rome le 9 frimaire an VII, Suvée n'occupa ce poste qu'en 1801. Mais il exerça ses fonctions de la manière la plus honorable pour lui et la plus utile pour l'art. Son autorité donna une renaissance aux études de notre École. Elle était alors au palais Macini : Suvée la fit transporter à la villa Médicis, et il employa à cette installation toute sa fortune.

date des deux portraits il n'y a que trois ans. Il y en
a dix entre les deux visages. Le changement n'est pas
tel qu'on ne reconnaisse dans l'un et dans l'autre les
traits de la même personne, l'abondance et la planta-
tion des cheveux, la courbe régulière et la longueur des
sourcils, la forme du nez, le beau dessin des lèvres.
L'ovale du visage s'est arrondi dans le bas, la richesse
du sang donne au teint une couleur plus chaude, et la
taille, svelte encore, soutient l'opulence de la poitrine.

Comme le corps, le caractère délicatement indiqué
dans le portrait de 1794, est vigoureusement marqué
dans l'œuvre de 1797. La joie de vivre pour le plaisir,
pour tous les plaisirs, anime toute la personne, est l'air
même du visage et resplendit dans la malice hardie de
ses yeux et dans le sourire de sa bouche sensuelle. Voilà
bien cette femme à l'esprit prompt et à la chair faible,
voilà dans toute la personne cette volupté diffuse qui,
si elle ne provoque pas, encourage. Voilà celle qui se
lasse de Montrond et va tomber en Garat. Combien elle
a perdu de sa grâce à l'air mutin ! Combien étaient plus
beaux les grands yeux de naguère, où la candeur souriait
à l'avenir, que ces yeux d'où a fui le rêve et qui con-
centrent leur puissance en un regard précis, informé,
exigeant, presque dur ; combien les lèvres d'autrefois,
encore neuves, prêtes à sourire à l'amour, mais pas à lui
seul, étaient plus jolies que ces lèvres de voluptueuse où
la passion charnelle a mis une vulgarité. Tout ce qui dans
ce visage a été enlevé à l'idéal, a été enlevé au charme.

Or, c'est précisément cette évidence d'une déformation qui, outre l'art de la peinture, fait le mérite et la vérité profonde de cette œuvre. C'est pour cela qu'en tête des *Mémoires* le portrait à sa place était celui-là. C'est pour cela que mes derniers mots doivent remercier M. de Mandrot. Grâce à lui, l'on connaîtra le portrait d'Aimée, le meilleur à étudier par ceux qui se contentent de regarder les visages et par ceux qui, dans le visage, cherchent à voir l'âme.

FIN

TABLE

—

Imprimerie
CHAIX
20, Rue Bergère
PARIS